| DATE | | | |
|---|---|---|---|
|  |  |  |  |
|  |  |  |  |
|  |  |  |  |
|  |  |  |  |
|  |  |  |  |
|  |  |  |  |
|  |  |  |  |
|  |  |  |  |
|  |  |  |  |
|  |  |  |  |
|  |  |  |  |
|  |  |  |  |
|  |  |  |  |

*Viva el amor (Long Live Love!): The Latino Wedding Planner* is my wedding gift to couples who want to personalize their special day by celebrating their Latino heritage. It is also a professional manual in appreciation of my colleagues in the wedding industry who strive to be culturally sensitive when coordinating ethnic-theme events. And it is a helpful guidebook for those who are interested in learning more about our historic rituals.

Now that this information about the wedding customs of the Latino people is documented within these pages, may our culture—like love—live forever!

# Viva el Amor

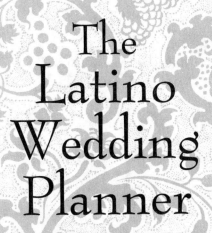

# The Latino Wedding Planner

*A Guide to Planning*
*a Traditional Ceremony*
*and a Fabulous Fiesta*

## Edna R. Bautista

A Fireside Book
Published by Simon & Schuster

**FIRESIDE**
Rockefeller Center
1230 Avenue of the Americas
New York, NY 10020

FIRESIDE and colophon are registered trademarks of Simon & Schuster, Inc.

Designed by Patrice Sheridan
PRODUCED BY K&N BOOKWORKS INC.

Manufactured in the United States of America
10 9 8 7 6 5 4 3 2 1

Library of Congress Cataloging-in-Publication Data
Bautista, Edna R.
Viva el amor : the Latino wedding planner : a guide to planning a traditional ceremony and a fabulous fiesta / Edna R. Bautista.
p. cm.
Added t.p. title: viva el amor : la guía para las bodas latinas : una guía para planear una ceremonia tradicional y tener una fiesta fabulosa.
Includes index.
English and Spanish.
ISBN 0-7432-1381-5
1. Weddings—United States—Planning. 2. Wedding etiquette—United States. 3. Wedding etiquette—Latin America. 4. Hispanic Americans—Marriage customs and rites. 5. Marriage customs and rites—Latin America. I. Title: Latino wedding planner. II. Title: Viva el amor : la guía para las bodas latinas : una guía para planear una ceremonia tradicional y tener una fiesta fabulosa. III. Title: Guía para las bodas latinas. IV. Title.
HQ745 B38 2001
395.2'2—dc21                                 2001023862

Information on pages 32–33 provided courtesy of Paulist Press, adapted from *The Catholic Wedding Book* by Molly K. Stein and William C. Graham. Copyright 1988.
Information on pages 66-70 provided courtesy of Weddings Beautiful Worldwide, A Division of the National Bridal Service. Copyright.
Spanish translation by the Foreign Language Center, Colorado Springs, CO (Silvia Uribe, translator) and Tina Peña, translator.

# Contents

T

# Acknowledgments

I, María Edna Ramos Viernes Bautista, give thanks and praise to God, Who makes all good things, like this book, possible.

I also acknowledge my husband, Richard Owen Parkinson, and my family, the Bautistas (*papi* Domingo, *mami* Elisa, and brother Dennis Juan) for their love and support.

I express my appreciation to the following people for helping me with this project. *Muchas gracias* to:

my confidante Tina Peña, translator, Coordinator of the Spanish Program at Tulsa Community College and Marketing Director of *Imagen Latinoamericana* magazine, for being a great motivator and a blessing in my life

"The 3 Dorises": Doris Cooper, my editor at Simon and Schuster; Doris Baker, my former publisher at Filter Press; and Doris Nixon, my mentor at Weddings Beautiful Worldwide, a division of the National Bridal Service, for helping me make *Viva el amor* a reality

*mi madrina*, fashion designer Rosario Cruz; *mi tía*, caterer and baker María Concepción Bohe; and former co-workers at Bridal Classiques in Tulsa, Oklahoma, for giving me the opportunity to gain experience in the wedding industry my friends Lineth Guerra, Milagros Habibi Zavala, Angelina Jalomo, Silvia Mont, Carlos Rodrigo Moreno, Janice Vargas, Marianella Vicarioli, and James "Diego" Wiske for imparting their knowledge and cultural insights

 the various Latin American consulates, embassies, and tourism boards for confirming and updating the information in this edition

 Kathleen Cowan, editorial assistant at Simon and Schuster; Odilia Peña and Silvia Uribe, Spanish language specialists; Patrice Sheridan, book designer; Jennifer Comeau, copy editor; and Patrick Rice and Barbara Fender-Rice of Rice Photography for contributing their time and talents to this book

 brides and grooms for sharing their special memories and ideas and observing the Latino traditions on their wedding day

 and all those who are not named but to whom I am grateful for providing assistance during the publishing and marketing process.

# Viva el Amor

# Introduction

 Our Latino Heritage

In this millennium, Latinos continue to influence strongly the culture and history of the United States as if America were experiencing a "reconquest." Our Latino heritage has a rich cultural history with a wealth of traditions that can add depth and meaning to your modern-day wedding.

This history began in 1492 with a vision of expansion that came to life under the Spanish monarchs Ferdinand and Isabella and saw bold explorers and *conquistadores* sailing to the New World, searching for gold treasures and claiming lands for Spain. Colonial towns and communities and Christian missionaries were set up, with the first permanent colonies in the western United States established in the Rio Grande Valley of New Mexico in 1598. From then on, Spanish newcomers lived among Amerindians (*los*

*indios*), Africans brought to the New World as slaves, and other populations of European origin. The descendants of this racially and culturally diverse mix of peoples make up the population group we call *Latino*, and the traditions they left behind are still an important part of Latino life today.

The terms *Latino* and *Hispanic* are sometimes used interchangeably. Although *Hispanic* is used to categorize people of Spanish descent, it is too narrow to represent the melting pot of people from the countries of Latin America. Thus the Pan-American term *Latino* has evolved into use. Many Latinos refer to themselves as Latino/Latina, Hispanic, or American (Americano/Americana) and, at the same time, as Mexican, Puerto Rican, Cuban, etc.

Present-day Latin influence on American culture can be measured in several ways. Information from the 2000 Census report suggests that Latinos will surpass African Americans and constitute the largest ethnic minority group in the United States in the very near future. The Spanish language, which is a strong common bond among the diverse Latino peoples, is the world's third most spoken language. Many place names in the United States are Spanish, and American English vocabulary is filled with words of Spanish origin. Mexican and Latin American foods and restaurants can be found in every community, Latino music has crossed over successfully into the mainstream pop music charts, and movies with Latino themes are box-office hits. Spanish-language and bilingual television networks such as Univisión and Telemundo, radio stations, print media, and web sites abound.

## Latino Wedding Traditions

A wedding is an appropriate and beautiful time to revive Latino traditions, since it is through marriage and family life that these cultural customs continue and are passed on to future generations. By incorporating Latino wedding customs, you will deepen the significance of your own wedding day and honor the past generations that established and preserved these meaningful traditions.

Spain laid a strong and significant foundation in the development of Latin American culture and language in the New World in the fifteenth century. Half a millennium later, this foundation is still reflected in contemporary wedding rites.

Godparents play an important role in many Latino weddings today. The coparenthood (*compadrazgo*) system developed as an extended family support network. The earliest colonial settlers lived far away from their relatives in Spain and sometimes needed nonrelated guardians for their children in case the parents became incapable of raising them. Partly religious and partly traditional in origin, the practice of selecting godparents for events such as baptisms and weddings has given people of Spanish descent an assured sense of mutual responsibility and strong community identity.

The colonists were devout Catholics and built several missions as part of Spain's plan for the spiritual conquest of the New World. To maintain their Christian identity among the natives, their wedding celebrations kept certain religious symbolism, such as the ceremonies of the veil (*el velo*), cord (*el lazo*), and thirteen coins (*las arras*).

The ultimate conversion of the Amerindians and African slaves reinforced the dominant culture of Spain, but their influences in dress, music and dance, and *fiesta* foods evolved in Latin America and have blended with the original Spanish traditions in wedding rituals.

When westernization became a popular, global trend, many discontinued Old World traditions in favor of becoming "modern" and asserting their independence from "imperialistic" rule. Moreover, increased rates of intermarriage and of emigration and acculturation to western ways nearly erased the traditional customs practiced in Latino weddings. Were it not for the village folks who continued to observe those customs, and the historians and anthropologists who recorded their nuptial rites, there would be nothing personal and cultural left in Latino weddings today.

The civil rights movement in the United States gave rise to ethnic consciousness and a cultural reawakening as the twentieth century came to a close. Engaged couples began to seek ideas that would make their wedding unique and proudly looked to their heritage and history to fulfill their dreams.

So whether one of you is Latino or both, you'll want your wedding to define who you are as a couple when you officially become husband and wife. Say "I do" to including some Latino traditions when you lovingly celebrate the beginning of your married life.

# Latino Wedding Traditions

Selecting godparent-sponsors (*padrinos*) for support during your nuptial festivities and to guide you through your married life

Cultural dress and accessories

Staggered-style invitations and inserts

Orange blossoms (*azahares*) or native flowers

Bilingual wedding ceremony

A veil ceremony to symbolize God's protection

A cord (*el lazo*) ceremony to symbolize that marriage is for life

A coin (*las arras*) ceremony to symbolize the sharing of worldly goods

A noisy caravan from the ceremony to the reception

A *fiesta* of Latino foods including *bizcochitos*

A wedding cake or fruit cake with hidden pull ribbons

Bilingual toasts with native beverages

*Mariachis*, Latino music, and traditional folk dances at your reception

A money dance to symbolize prosperity and financial security

*Piñatas* for the young guests

A bridal doll covered with ribbon favors (*capias*)

A Latin destination for your honeymoon

# Chapter 1

# Engagement

You're engaged! Congratulations and *viva el amor*! Before tackling the many details of your wedding, enjoy this time of happiness with your spouse-to-be. Because a Latino wedding is traditionally a family affair, you can count on your parents—the main representatives of your household—to relay the good news, so tell them first. The announcement is guaranteed to travel quickly through the family communication network. A party to celebrate may be in order. This will give the families a chance to meet if they haven't already.

Formally announce your engagement through your community newspapers. Contact the society or lifestyle editor and ask for engagement announcement forms. Some newspapers will include your engagement photograph with the announcement.

During this period, a token of the engagement is given. The groom-to-be presents an engagement ring, usually a diamond solitaire, to his future bride as a symbol of remembrance and promise.

Other engagement jewelry may be a birthstone setting or an heirloom piece customized and updated for the occasion. A reputable jeweler can work with your design preferences and budget and can assist in selecting an engagement ring to complement your wedding bands.

The use of gold or silver for the wedding bands follows in the spirit of the *conquistadores*, who found an abundance of these precious metals among the Aztec, Inca, and Mayan civilizations and in the mines of the southwestern United States. The bands are exchanged during the wedding ceremony to symbolize the strength and eternity of love.

---

## COURTSHIP AND BETROTHAL CUSTOMS

In rural villages, when a man was interested in a woman, he would try to impress her (and hope to gain her favor) by serenading her at sundown. She would sit by her window and listen to his romantic songs. If she reciprocated the interest, she would invite him into her home to meet her family. Her father would inquire about his background to ensure that his daughter would be marrying a decent man.

Because Latinos value the family, visits between the couple's relatives were an integral part of the premarriage ritual to bond together not only the man and woman but the families as well. The man's family would visit the woman's family and present or exchange gifts of chocolate or ground cacao, food items (*tortillas* or *tamales* among the Aztecs), household articles, handmade clothing, pottery, alcoholic beverages, or smoking tubes. The formal betrothal (*el prendorio*), when the groom—or his family representative (*el portador/la portadora*)—would ask for the bride's hand (*la petición de mano*), was considered the most respectable act in the courtship process.

Dates were chaperoned to ensure that the Christian bride was a virgin. Some Amerindians also viewed a bride's chastity as a virtue, while others viewed premarital cohabitation as a test for a compatible marriage.

## Prewedding Parties

With a wedding come many opportunities for parties. The most common are showers, a bridal gathering, the bachelor party, and the rehearsal dinner.

**Showers.** The modern-day shower has evolved from the centuries-old practices of the dowry system. A dowry was the wealth a bride brought to her marriage. If the bride's father disapproved of the groom and refused to pay a dowry, or if he could not afford a sufficient dowry, kindhearted relatives and friends would "shower" the couple with money and necessities.

In the Spanish dowry system, the bride or her father gave a dowry to the groom or to the groom and his family. In the past in the Latino community, once the father of the bride gave permission for his daughter to marry, the groom assumed financial responsibility for her and for the entire wedding. Today, members of the wedding party (*padrinos*) help with the wedding expenses by sponsoring such items as the invitations, cake, flowers, favors, or decorations. In addition, the bride and groom are showered with gifts from their registry at prewedding parties. Traditional showers may feature Latino food, Latino music, and decorations of mini-sombreros or lace fans.

**Bachelorette and Bachelor Parties.** The bachelorette bash or bridal gathering is a party given by either the bride or someone close to the bride, to celebrate her last days as a single woman with her attendants, closest friends, and relatives. The gathering of friends can be a dinner at a Latino restaurant, a party in the bride's home, a picnic, or a gathering at a club. Gifts are exchanged. The bride presents her attendants with special keepsakes of the wedding and thanks all present for their help and support in planning her upcoming wedding. The bride typically receives a gift of lingerie from her attendants at the bachelorette party.

In similar fashion, the groom, or someone close to him, hosts a party for his close friends and attendants. Plan to hold the bachelor party at least a week before the wedding, so it will not compete with other last-minute events. The bachelor party has earned a risqué reputation, but many parties are quieter affairs centered around a sports event, camping trip, or dinner out. A round of toasts is made to bid *adiós* to the groom's past and to wish him good luck. It is an old, but costly, custom to make a toast in the name of the bride and then smash the glasses so that no toasts of a higher order can be made. Grooms may take this opportunity to present gifts—such as engraved pens or key rings, gift certificates, leather wallets or other leather goods, or pewter mugs—to their attendants.

**Rehearsal Dinner.** The day before the wedding, all those who will participate in the ceremony—attendants, parents, godparent-sponsors, and sponsors—gather to practice their roles under the direction of the officiant or wedding coordinator. The rehearsal is just what it implies. Respect the rehearsal director's authority. A full, smooth rehearsal will work wonders to reduce your anxiety about the ceremony. Take your checklist of wedding responsibilities and note any items forgotten or overlooked. Practice until all are sure of their parts. Manage your time wisely; set the rehearsal time in late afternoon, so there will be time to enjoy the dinner and still end the evening early enough for all to get plenty of rest for the full day that follows.

The rehearsal dinner is an intimate and relaxed time with those closest to you—your family and entourage. It follows the rehearsal and is traditionally hosted by the groom's family or by godparent-sponsors for the wedding party and their dates or spouses. Whether the dinner is a formal, sit-down meal or a potluck supper in a home, take this time to enjoy the company of your wedding party, review notes for the wedding, and celebrate the unity of two families and two people in love. Purchase a special memory book and have everyone at the rehearsal dinner write their thoughts and best wishes in it. The dinner is also another opportunity for the bride and groom to present tokens of appreciation to the entourage, parents, and godparent-sponsors if thank-you gifts haven't already been given.

## The Wedding Planning Calendar

Before setting the wedding date, consider the honeymoon location and dates, work vacations, seasons and weather conditions, menstrual cycle, prior family commitments on both sides, holidays, reception site availability, and the officiant's calendar.

Latino Christians, whether Catholic or Protestant, must consult their priest or minister to set a wedding date. Catholic weddings may not be held during Lent, Holy Week, or Advent or on certain holy days, such as Easter and Christmas, although a very simple ceremony may be permitted on these days to accommodate unusual circumstances.

Catholics must have a church ceremony for the marriage to be recognized as valid. A formal wedding with a high nuptial mass that includes communion takes place shortly before or at noon. A semi-formal wedding is generally held in the morning. An informal wedding, or a ceremony without celebration of mass, is held in the afternoon before the regularly scheduled evening mass.

Protestants have fewer restrictions on the date, place, and time for a wedding ceremony, but some holy days and days that conflict with scheduled church services or activities may not be available. The minister or church secretary will be able to answer your questions about available dates and times.

Jews (usually of Sephardic heritage) must consult a rabbi before setting a wedding date. Nuptial practices vary among Orthodox, Conservative, and Reform Jews. Orthodox Jewish law permits celebration of a wedding ceremony any day except the Sabbath— that is, from sundown on Friday to sundown on Saturday—holy days, and festivals including Rosh Hashanah, Yom Kippur, Passover, Shavuot, and Sukkot; but exceptions can be made for Hanukkah and Purim. Although Jewish weddings are most often held in synagogues, a canopy (*chuppah*) may be raised at any site that offers a sense of holiness for the couple.

Muslims (usually of Moorish heritage) must follow the Islamic calendar for nuptial celebrations. Although the civil and religious contracts are usually signed in a secular office, such as a judge's chamber, Muslim wedding rituals are held in a mosque and the wedding date is set after consulting the imam, or clergyman.

If you and your partner are of different faiths or denominations, talk with the officiant who will conduct the ceremony about appropriate dates and times. There may be restrictions or special requirements.

Should you choose to exchange vows at the courthouse before a justice of the peace, be aware that federal and state buildings are closed on holidays. Also, the time of the ceremony is limited to normal business hours during weekdays. Of course, you may hire a judge to hear your vows wherever and whenever you choose to hold your wedding.

Once the date is set and confirmed, begin planning and organizing the numerous details.

---

### THE WEDDING COORDINATOR

Perhaps the predecessor of a wedding coordinator was the matchmaker (*el casamentero/la casamentera*). The Mayans often consulted *ah atanzahob* to set the wedding date according to the couple's astrological signs, make arrangements for the ceremony and reception, and negotiate the amount of the dowry.

---

**One Year to Six Months Before**

Announce your engagement to your family. Write personal notes or call distant relatives.

Set and confirm the wedding date and time for ceremony and rehearsal.

Check with local newspapers for instructions on how to announce both your engagement and your wedding.

Decide on the sites for ceremony and reception, and reserve them nine months in advance.

Choose wedding rings.

Envision your wedding and decide on the degree of formality and a style. Choose the Latino traditions and customs you will incorporate, and order items needed from specialty catalogs.

Pick a dominant color and motif for the wedding. Decide on decorations and flowers that will match the wedding theme.

Make a realistic budget and discuss how wedding expenses will be shared.

Visit and interview prospective vendors, among them caterers, bakers, florists, photographers, and musicians. Ask for a copy of each company's typical wedding service contract. Ask about the various wedding services or packages available and prices.

Select members of your entourage.

Choose your wedding godparent-sponsors (*padrinos*).

# Wedding Planning Guide

**Six Months Before**

Consider hiring a professional wedding coordinator who is familiar with Latino traditions and customs.

Negotiate contracts with florist, caterer, baker, musicians, photographer, videographer, and other vendors.

Begin searching for wedding clothing for the bride and groom, the entourage, and the godparent-sponsors. Allow six months for ordering and custom tailoring or for rental reservation.

Compile a tentative guest list.

Establish gift registries in stores.

Make honeymoon decisions. Book reservations six months in advance. Apply for passports and visas, and get inoculations as needed for foreign travel.

Reserve accommodations for the wedding night if the honeymoon won't begin immediately.

If live musicians are not booked for the reception, engage the services of a disc jockey.

Arrange for limousine rental.

**Four Months Before**

Prepare the final guest list.

Order all wedding stationery, including invitations, announcements, programs, napkins, and imprinted favors.

Attend premarital counseling sessions.

Have a physical examination. Fulfill any requirements for blood tests or other legally required health examinations.

Select readings for the ceremony.

Prepare a rehearsal schedule.

Set reception menu with caterer.

Keep in contact with the caterer, baker, musicians, photographer, and florist. Check on their progress.

Order your wedding cake.

Make final musical selections with soloists and other musicians for the ceremony and the reception.

Have an engagement photograph made.

Work with the photographer to develop a list of wedding and reception photographs.

Set the final order with the florist.

Pay deposits to vendors according to contract terms.

## Two Months Before

Address and mail invitations. Hire a calligrapher if desired.

Arrange for transportation and accommodations for out-of-town guests.

Choose and reserve the groom's and the groomsmen's tuxedos.

Buy accessories for the entourage, including jewelry, shoes, gloves, and purses.

Assign responsibilities and roles to the members of the entourage. Ask for help with Spanish/English interpretation and with logistics such as parking and traffic, decorations, transportation for out-of-town guests, pickup and delivery of items to the wedding site, cleanup, and delivery of gifts to the newlyweds' home after the reception.

Prepare a schedule for reception activities.

Ask someone to serve as emcee at your reception, someone to attend to the guest book and gift table, and someone to give out the wedding programs.

Open new bank accounts.

Draw up a prenuptial agreement if you feel it is important.

Confirm all arrangements with vendors.

Make appointments with the hair stylist, makeup consultant, and manicurist for personal grooming.

# Wedding Planning Guide

## One Month Before

Decide whether Anglo-American practice or Latino practice will be followed if the bride will assume her groom's family name (see "Name Changes" in chapter 2). After the wedding, register name changes with the state Department of Motor Vehicles, the Social Secutity office, and your employer. Bring a copy of your marriage license for proof.

Complete the proper forms by the deadline given for newspaper announcements of your wedding.

Update your gift registries. Write thank-you notes as gifts are received.

Make sure all is in order for the move to your new residence.

Buy gifts for your spouse-to-be, the entourage members, and your godparent-sponsors.

Make a seating plan for the reception.

Apply for your marriage license.

Give the caterer the final guest count.

## Two Weeks Before

Address wedding announcements and have them ready to mail the day of the wedding.

Confirm wedding night accommodations and pick up tickets for honeymoon travel.

Schedule final fittings and pick up all wedding clothes and accessories.

**One Week Before**

Pack for the wedding trip.

Move belongings into your new home.

Check with stores at which you have registered and pick up gifts.

Contact all vendors to confirm last-minute details.

Continue writing thank-you notes for gifts received.

Attend prewedding parties.

Greet your out-of-town guests.

Write checks for ceremony officiant, musicians, and others to be paid at the wedding. Place the checks in labeled envelopes.

**The Wedding Day**

Allow plenty of time to dress and get to the ceremony site.

Have your wedding coordinator or a friend ascertain that all members of the wedding party have all items needed for their parts in the ceremony, and that all flowers and decorations are in place, the cake is delivered, and the musicians are set up.

Ask the best man to see that all vendors receive payment and gratuities.

Mail wedding announcements to those unable to attend or who were not invited to the wedding.

Pack a just-in-case emergency kit; include a needle and thread, nail file, extra hosiery, aspirin, and tissues.

Eat a light snack two hours before the ceremony. You'll need the energy.

Be aware of the time and stay on schedule, even if Latino time is usually late!

# Chapter 2

# Early Preparations

Once the wedding date is set, the next point of preparation is to decide on a wedding style. The degree of formality of your Latino-style wedding depends on your preferences and budget. Your wedding can be elaborately regal or casual/informal, a large or an intimate affair, religious or secular, classic or contemporary. Whatever degree of formality you choose, an organized wedding presents a consistent style that is evident in your choice of colors and motif, in your invitations, attire, decorations, ceremony, and reception site, and in the size of the guest list and wedding party. Be sure to explain the symbolism of the Latino traditions and customs used in your wedding in either your ceremony program or your reception program. Your non-Latino guests will be charmed and informed, and your Latino guests will be proud that you are celebrating your heritage.

Although it is traditional for the mother of the bride to act as the ultimate hostess for her daughter's wedding, today many couples are making most of their own nuptial decisions. This can be a strong beginning to your life together; counselors and therapists find that open communication early in a relationship helps develop a sound marriage. The family is a very important support group within Latino culture, however, and even if the couple limits the influence of others on their wedding plans, they still honor the family by sharing their plans as they develop.

## Setting a Budget

Weddings are costly affairs. Tremendous expenses are generally incurred. In Anglo-American culture, the bride's family pays for most of the wedding. In the Latino culture, immediate and extended families and even close friends of the bride and groom contribute their time, talents, and treasures to help the couple defray some of the costs, thus making the wedding a community celebration.

Often, several pairs of godparents—a godfather or *padrino* and a godmother or *madrina*—are chosen to provide invitations, the wedding cake, decorations, or other wedding necessities, or they give money to the couple for these items. Sometimes godparents pay for more than they can afford to avoid appearing less than fully generous. Because of the generosity of their gifts and the significant role they play, the sponsors are acknowledged by having their names listed on special inserts in the wedding invitations.

Even if you are fortunate to have supportive relatives and *padrinos*, do not take advantage of their generosity. Demonstrate your financial maturity and your responsibility by making and sticking to a realistic budget. Keep track of your wedding expenditures on a budget worksheet such as the one provided.

# Budget Worksheet

| Item or Service | Amount Budgeted | Actual Cost | Person Responsible |
|---|---|---|---|
| **Engagement** | | | |
| Ring | | | |
| Announcements | | | |
| Party | | | |
| Other | | | |
| **Ceremony** | | | |
| Site Cost | | | |
| Officiant's Fee | | | |
| Assistants' Fees | | | |
| Marriage License | | | |
| Decorative Certificate | | | |
| Musicians/Soloists | | | |
| **Rings** | | | |
| Groom's Wedding Band | | | |
| Bride's Wedding Band | | | |
| **Stationery** | | | |
| Invitations | | | |
| Announcements | | | |
| Response Cards | | | |
| Special Inserts | | | |
| Thank-you Notes | | | |
| Postage | | | |
| Ceremony Programs | | | |
| Reception Programs | | | |
| Other | | | |
| **Bridal Attire** | | | |
| Gown | | | |
| Headpiece/Veil | | | |

| Item or Service | Amount Budgeted | Actual Cost | Person Responsible |
|---|---|---|---|
| Shoes | | | |
| Undergarments/Hosiery | | | |
| Garters (Keepsake/Throw) | | | |
| Jewelry | | | |
| Going-away Outfit | | | |
| Other Accessories | | | |
| **Groom's Attire** | | | |
| Tuxedo Rental/Purchase | | | |
| Going-away Outfit | | | |
| **Entourage Attire** | | | |
| Bridesmaids' Dresses | | | |
| Bridesmaids' Shoes | | | |
| Bridesmaids' Accessories | | | |
| Flower Girl's Dress | | | |
| Flower Girl's Shoes | | | |
| Flower Girl's Accessories | | | |
| Groomsmen's Outfits | | | |
| Groomsmen's Accessories | | | |
| Ring Bearer's Outfit | | | |
| Ring Bearer's Accessories | | | |
| **Parents' Attire** | | | |
| Bride's Mother's Dress | | | |
| Shoes and Accessories | | | |
| Groom's Mother's Dress | | | |
| Shoes and Accessories | | | |
| Bride's Father's Outfit | | | |
| Accessories | | | |
| Groom's Father's Outfit | | | |
| Accessories | | | |

# Budget Worksheet

| Item or Service | Amount Budgeted | Actual Cost | Person Responsible |
|---|---|---|---|
| **Godparents' Attire** | | | |
| *Madrinas'* Dresses | | | |
| Shoes and Accessories | | | |
| *Padrinos'* Outfits | | | |
| Accessories | | | |
| **Specialty Items** | | | |
| Candles | | | |
| Veil or Shawl | | | |
| Cord/Rosary | | | |
| Coins/Treasure Box/Pouch | | | |
| Pillow | | | |
| Bible/Prayer Book | | | |
| Bridal Doll | | | |
| Other | | | |
| **Flowers** | | | |
| Bridal Bouquet | | | |
| Throw Bouquet | | | |
| Bouquet for the Virgin Mary | | | |
| Bridesmaids' Bouquets | | | |
| Flower Girl Basket/Bouquet | | | |
| Mothers' Roses | | | |
| Men's Boutonnieres | | | |
| Church Decorations | | | |
| Reception Decorations | | | |
| Other Floral Arrangements | | | |
| **Photography/Videography** | | | |
| Wedding Album | | | |
| Parents' Albums | | | |
| Extra Prints | | | |

# Budget Worksheet

| Item or Service | Amount Budgeted | Actual Cost | Person Responsible |
|---|---|---|---|
| Wall Portraits | | | |
| Video Master Copy | | | |
| Extra Videos | | | |
| Other | | | |
| **Music** | | | |
| Ceremony Organist | | | |
| Ceremony Soloist | | | |
| Reception Disc Jockey | | | |
| Reception Band | | | |
| *Mariachi*/Other Entertainment | | | |
| **Transportation** | | | |
| Car/Limousine | | | |
| Decorations | | | |
| Car for Out-of-Town Guests | | | |
| Parking | | | |
| Other | | | |
| **Accommodations** | | | |
| Out-of-Town Guests | | | |
| Wedding Night Stay | | | |
| **Reception** | | | |
| Site Rental | | | |
| Caterer | | | |
| Beverages/Liquor | | | |
| Equipment Rental | | | |
| Decorations/Setup | | | |
| Wedding Cake | | | |
| Gratuities/Taxes | | | |
| Other | | | |

# Budget Worksheet

| Item or Service | Amount Budgeted | Actual Cost | Person Responsible |
|---|---|---|---|
| **Accessories and Decorations** | | | |
| Favors | | | |
| Guest Book and Pen | | | |
| Cake Knife and Server | | | |
| Toasting Goblets/Glasses | | | |
| Imprinted Napkins | | | |
| Other | | | |
| **Honeymoon** | | | |
| Transportation | | | |
| Accommodations | | | |
| Dining | | | |
| Legal Documents | | | |
| Health Preparations | | | |
| Incidentals (toiletries, film, etc.) | | | |
| Daily Allowance | | | |
| Souvenirs | | | |
| Other | | | |
| **Gifts** | | | |
| Bride (from Groom) | | | |
| Groom (from Bride) | | | |
| Bride's Attendants | | | |
| Groom's Attendants | | | |
| Flower Girl | | | |
| Ring Bearer | | | |
| Bride's Parents | | | |
| Groom's Parents | | | |
| Godparent-Sponsors | | | |
| Other Important People | | | |

# Budget Worksheet

| Item or Service | Amount Budgeted | Actual Cost | Person Responsible |
|---|---|---|---|
| **Parties** | | | |
| Shower | | | |
| Bridal Gathering | | | |
| Bachelor Party | | | |
| Rehearsal Dinner | | | |
| **Miscellaneous Items** | | | |
| Physical Exams/Blood Tests | | | |
| Beauty Appointments | | | |
| Insurance | | | |
| Other | | | |
| **Miscellaneous Services** | | | |
| Wedding Coordinator | | | |
| Calligrapher | | | |
| Lawyer | | | |
| Reception Emcee | | | |
| Security | | | |
| Spanish/English Interpreter | | | |
| Other | | | |
| **TOTAL** | | | |

## Gift Registry

The likelihood that your wedding gifts will come in the form of sponsored necessities is greater in Latino weddings than in Anglo-American weddings. Invited guests who are not sponsors will want to give wedding presents, too. Your family communication network is helpful in relaying information about what you like or need. It is considered poor etiquette for you to announce your preferences in the invitation, as doing so implies that gifts are expected.

Another helpful system for making sure you receive useful gifts is the wedding gift registry, a practical concept that allows guests to buy those items that you and your spouse-to-be have selected at your favorite stores. Long used for china and crystal gifts, the wedding registry now includes a wide range of necessities. Some travel agents have even set up a registry whereby guests can contribute funds toward the newlyweds' honeymoon costs.

> ### NO KNIVES?
>
> Some people of Jewish heritage believe that it is a bad omen to receive a knife as a wedding gift and would rather purchase the cake knife themselves.

Before registering, however, make a detailed inventory of what you both like or will need for your new home. Go together to the store and meet with the registry consultant who will advise you about the process and policies and set up your computerized gift wish list.

## Health

You will want to look healthy and radiant on your wedding day, so you should take good care of yourself during this time of fluctuating emotions. If you plan to start an exercise program, consult a physician who will design a program tailored to your personal needs. Don't overdo exercises that will result in strain to your body. Also, watch your eating habits, alcohol consumption, and caffeine intake. Moderation in both exercising and dieting is vital to maintaining balanced energy levels.

Talk with your physician about birth control and family planning. Check whether any physical examinations are legally required before you can be married. Your state may require blood testing for AIDS and various venereal diseases, sickle-cell anemia, rubella, tuberculosis, and other infections. Some states even require tests for mental competence. Call the appropriate marriage licensing bureau for specific details concerning medical prerequisites.

## Legal Matters

Stripped of all its finery and romantic overtones, a marriage is but a civil contract. You are entering a legal contract as well as an emotional and moral commitment. To make your marriage legal, you need a license.

Marriage laws differ from state to state, so check with the marriage licensing bureau about health prerequisites, age of consent, time of validity (including waiting periods), documents required for presentation, and application fees. The engaged couple must apply for the marriage license in person. You may be required to bring your birth certificates, identification cards, death certificate of a former spouse if widowed, annulment or divorce decree if previously married, and results of any blood tests or health examinations. Proof of U.S. citizenship also may be necessary. Call the marriage licensing bureau first to save time and frustration.

If you plan to wed someone who is a citizen of another country, be aware of immigration laws. According to Immigration and Naturalization Service (INS) statistics, Americans are marrying foreigners at the rate of almost 200,000 a year, and more than 2.3 million international couples have married and settled in the United States in the last two decades. Once married, the immigrant spouse must stay married to and reside with a U.S. citizen for three years before the naturalization process can begin. Be careful about violating immigration laws or else you and your non-American spouse can be legally separated by deportation. Contact the INS for more information about these issues and other international marriage laws.

If you plan to wed outside of the United States, contact the consulate or embassy of that country for specific marriage requirements. Some Latin American countries recognize a civil wedding ceremony, but for the marriage to be blessed, couples must have an additional wedding ceremony in a church.

## Name Changes

Unlike most Anglo-American brides, who generally drop their own surnames and adopt that of their grooms, a Latina bride traditionally keeps her maiden name and adds her groom's name. Cultural anthropologists note that this practice has helped to maintain and honor the matrilineal heritage of Latino culture. Name changes vary among Latin American cultures. When married names are combined with saints' names given at baptism and confirmation and other extra monikers, Spanish names can become very lengthy.

Some Latino grooms formally carry the maiden name of their mothers. For example, my father's name is Domingo Viernes Bautista (Viernes is his mother's maiden name); when he married my mother, Elisa de la Vega Ramos (de la Vega is her mother's maiden name), her married name became Elisa Ramos Bautista. Their son (my brother) is named Dennis Juan (confirmation name) Ramos (mother's maiden name) Bautista (surname).

Here are more specific examples using Agápito Bautista and Raymunda Viernes (my paternal grandparents' names) and Fortunato Ramos and Felicidad de la Vega (my maternal grandparents' names):

With or without hyphenating, you may add your husband's family name to yours and keep your maiden name as a middle name. The names would be written as *Raymunda Viernes Bautista* and *Felicidad de la Vega Ramos* and legally recognized as *Raymunda V. Bautista* and *Felicidad D. Ramos*.

 Following Spanish grammar patterns, you may add your name as a modifier after that of your husband. The names would be written as *Raymunda Bautista Viernes* and *Felicidad Ramos de la Vega* and legally recognized as *Raymunda Bautista* and *Felicidad Ramos*.

 Using the preposition *de* ("of" or "from") as a heritage derivative, you may add his name to yours. The names would be written as *Raymunda Viernes de Bautista* and *Felicidad de la Vega de Ramos* and legally recognized as *Raymunda Bautista* and *Felicidad Ramos*.

 ## Religious Preparation

Divorce statistics reflect society's indifference toward the marriage bond. Religious premarital counseling exists to reaffirm that a commitment to one person for life should be taken seriously.

Moreover, in some Latin American countries, the civil marriage must be solemnized in church, especially for Christians (Catholics and Protestants). If you are planning a religious wedding ceremony, premarital counseling is recommended if not required, and certain religious preparations need to be fulfilled before your wedding can take place.

**Catholic Couples.** It is difficult to be married in a Catholic church without at least three months' advance notice. The time between your request to marry and the actual ceremony is not a waiting period but a preparation period. To Catholics, marriage is a holy sacrament instituted by God. Because within the Catholic faith you only have one opportunity where marriage is concerned, it is the duty of the Church to see to it that you are well prepared to make a permanent commitment. Catholic couples are often required to attend programs such as Engaged Encounter™ or Evenings for the Engaged™, but marriage preparation varies in form and content depending on where you live. Your options may range from spending a weekend at a retreat house to being counseled by your pastor for a few hours.

Catholics are also required to complete a lot of paperwork before they get to the altar. The paperwork helps insure that both parties are free to marry and makes clear the seriousness of the commitment. At a minimum, when you visit with your priest bring a copy of your baptismal and confirmation papers. You may be required to complete additional and extensive paperwork if one of you is not Catholic, if either of you was previously married, or if you want to hold your ceremony outside the Catholic Church. In the case of a previous marriage, bring annulment, divorce, or death decree papers. Dispensations may be granted for these and other circumstances, but you will need to consult your priest.

**Protestant Couples.** Protestants consider marriage a sacred institution but not a holy sacrament. Within the various denominations and churches, religious preparation and waiting periods for marriage differ. The ceremony officiant will clarify what documents are needed and what steps must be taken before your wedding can take place—whether it be informal premarital counseling sessions with the minister or married lay people, or attendance at the church's more structured engagement programs.

**Jewish, Muslim, and Interfaith Couples.** Consult your rabbi, imam, or officiant about specific religious preparations. Although premarital counseling may not be specifically required, it is beneficial nonetheless. Regardless of religious background, couples should discuss these important preparatory rituals. Also talk to the officiant about bilingual (Spanish-English) services; fees; rehearsal procedures; any restrictions on the wording of vows, dress codes, readings and music selections, and decorations; order or schedule of the ceremony; possibly co-officiating an interfaith marriage; and your wish to incorporate Latino traditions and customs.

Religious preparation helps you and your future spouse address issues that may arise in your marriage, encourages communication, and impresses upon you both the importance of commitment: till death—not divorce—do you part.

## The Wedding Entourage

Quintessentially, you are the king and queen of your wedding day, and you deserve a court—your wedding entourage. Also known as the bridal party, the entourage doesn't have to include fourteen couples as there are in *quinceañeras*, Latina girls' fifteenth birthday parties, but a large entourage is common in Latino weddings. Members of a wedding entourage typically include the bride's attendants (maid or matron of honor and bridesmaids), groom's attendants (best man and ushers), and children as pages (flower girl and ring bearer). In Latino weddings, the entourage also includes the godparent-sponsors (*padrinos*).

Deciding who will be in your entourage should not be as difficult as deciding whom to include on your wedding guest list. You and your spouse-to-be should choose attendants from among your siblings, relatives, and closest friends who have given and will continue to give their true and loving friendship. Don't feel obligated to ask anyone because you were in their entourage, are related to them, or owe them a favor; nor do you have to pair couples equally, although Latinos prefer such balance for listing names and for the processional.

The usual responsibilities of the attendants include paying for their own attire (although this may be provided by the bride and groom); assisting in any prewedding planning, errands, or activities; hosting parties and celebrations; and standing at your side at the ceremony. The honor attendants, the matron or maid of honor and the best man, usually hold the wedding rings and sign as witnesses on your marriage license and certificate, although others may be entrusted with these responsibilities. The bride's honor attendant tends to the bride's veil, train, and bouquet; the groom's attendant gives the fees to the appropriate people and proposes a toast at the reception. Ushers escort guests to their seats at the ceremony. Let all your attendants know what other wedding-related tasks are expected or desired of them so they are aware of when you most need their help.

Choose pages from among your younger siblings, nieces, nephews, cousins, godchildren, or your own children. Adorable as they may be, make sure they are not so young that they shy away from their roles when spotlighted. Older children may serve as junior attendants if they are between the ages of ten and sixteen. Flower girls and ring bearers are usually between the ages of four and eight. The flower girl carries a miniature bouquet or a basket of flower petals that she scatters along the aisle before the bride marches down to meet her groom at the altar; the ring bearer holds a special pillow with the wedding bands fastened securely. It's a good idea to use decorative rings to ease any worry that this little boy will get too excited on your special day and lose the real ones! In Puerto Rican weddings, children dressed as a miniature bride and groom are part of the entourage.

Prepare these young members of the entourage. Talk to them about their important roles, explain expectations, encourage them to behave appropriately, and coax them gently if they are reluctant to participate in such a large event.

Choose godparent-sponsors (*padrinos*) from among those people who have played an important role in your life or have set good examples in their own marriages. Unmarried sponsors, usually paired with a counterpart, may also be chosen. Avoid choosing your sponsors because of family pressures or due to their status in the community.

Because in the Latino culture it is considered an honor to be chosen as a sponsor and an insult to decline, the bride and groom must be sensitive to the financial situation of those chosen. Those you'd like to serve as sponsors may sincerely want to help you but not be able to afford to, so consider asking them to read Scriptures during the ceremony, attend to the guest book and gifts, or perform other special duties for your wedding.

The duties assigned to your sponsors vary according to the role they play in your wedding, whether they contribute money for the festivities or are responsible for presenting items—such as the veil, cord, or other sponsored gifts—or performing other special duties for your wedding.

Sponsors may pay for the mass or service, rings, coins, cord or rosary, flowers, Bible or prayer book, music, invitations, photography, toasting glasses, cake, and any other wedding item.

As you choose your entourage, remember that your Latino wedding is a family affair and will be most successful when everyone involved kindly cooperates with each other and enjoys every moment of the event.

# Wedding Attire

 For the Bride

No pun intended, but there's bound to be a wedding outfit that suits the bride. Just page through the thick bridal magazines and you'll find numerous styles and designs of bridal fashions.

Spanish brides of yesteryear chose simple wedding clothing. Peasant women wore a black silk dress—to symbolize their devotion to their grooms till death parted them—draped with a *mantilla* (shawl-like veil) and *azahares* (orange blossoms) in their hair.

White became the popular color choice for bridal gowns worldwide when England's Queen Victoria wore white at her royal wedding in 1840. Spanish brides followed suit; their full, lacy, ruffled *flamenco*-style dresses were modified to serve as bridal

gowns. This style still has an influence on traditional *quinceañera* dresses today.

You may choose from among the different shades of white for your bridal gown—pure-bright, natural or matte, "candlelight" or "diamond" white, ecru, or ivory—depending on your preferences and whether your skin tone is fair, olive, tan, or dark. Pastel gowns are also available for a less traditional look.

Your bridal gown should reflect the overall style of your wedding, flatter your figure, complement your personality, and be within your budget. In choosing a gown, comply with religious guidelines and social etiquette regarding wedding attire. The bride might choose to wear an heirloom gown, purchase a new gown from a bridal salon or a secondhand gown from a consignment shop, or have a dress tailor-made.

Fabric choices include satin, taffeta, silk, brocade, moiré, chiffon, or organza, and embellishments include lace, pearls, sequins, rhinestones, embroidery, covered buttons, braiding, beadwork, bows, or flowers. Decide which neckline, sleeves, bodice/waistlines, skirt hems, and train lengths suit your taste by studying your favorite advertisements in the magazines or sewing patterns from a catalog. Take along your matron or maid of honor and try on dresses at various shops to see which designs are most flattering, then narrow down your choices. Consider a gown with a detachable train or bustle so that you can move around easily after the ceremony. Remember to include the price of alterations, cleaning and pressing, and gown preservation in the cost.

With limitless possibilities—from a simple, cool, gauze-cotton embroidered dress to a full, lacy, ruffled *flamenco*-style bridal ball gown—the dress you choose should set you apart from all the other women attending your Latino wedding.

The headpiece and veil will complete your bridal look and be your crowning glory. Again various styles, such as headbands, wreaths, caps, bows, hats, and poufs, are available. Brides dressed in the classic Latino style wear a *mantilla* that completely covers the face as a symbol of purity. Sometimes the veil is attached to a *peineta*, a large, upright comb that sits atop an elegantly coiffured hair bun. Contemporary Latina brides often choose to wear a tiara (*la corona*). These headpieces are made of precious jewels or crystals, glass, or iridescent or pearl beads, and Latinos take great pride in the craftsmanship. Tiaras can be quite expensive and may be passed down from one generation to another. Following the tradition of the *mantilla* face covering, a blusher or face veil is attached to the tiara for modesty. Lifting the veil from the bride's face is an optional but romantic gesture when the groom kisses the bride at the end of the ceremony.

Don't forget your jewelry, handkerchief, hosiery, garter, gloves, and other accessories. If you are not wearing a form-fitting sheath or mermaid-style dress, you may need a petticoat or crinoline to add fullness underneath your ball gown. Walk down the aisle in comfortable yet fashionable shoes. You are not limited to pumps; you may choose ballerina slippers, boots, sneakers, or sandals. For a honeymoon surprise, complete your bridal wear shopping by purchasing sexy undergarments available at lingerie shops.

Many brides today wear pearl necklaces and earrings or wedding gowns with pearl detailing. Although some Latinas believe that it is unlucky to wear pearls because they are "teardrops from the oysters" or "tears of the gods," these precious jewels were once collected by the native tribes off the gulfs of Mexico and California, proudly worn as or made into ritualistic relics, and shipped back to Old World Europe. The Incomparable (*La Peregrina*) was the most famous of the pearls presented to King Philip II of Spain.

## For the Groom

A properly attired Latino groom looks ever so dashing and strikingly handsome. Although formal and updated *guayaberas* and some *bolero*-style jackets (short-waisted coats made popular by matadors and folk entertainers) are attractive at traditional Latino weddings, tuxedos and suits are currently the attire of choice. Visit a formal-wear shop for men and browse through the catalogs for styles, colors, and prices. Consult with the tuxedo specialist or sales representative about what clothing (formal or informal) is proper for what time of day, accessories (such as tie, shoes, vest, suspenders, cummerbund, studs, and handkerchief), fitting and adjustments, pickup and delivery, late-return charges, cleaning, and discounts. Your bride may indicate her preferences about your attire and "look" for the ceremony. Be prepared to listen to her opinion.

## For the Attendants

A color-coordinated, fashionable entourage standing alongside you at the altar completes your wedding look. Dressing the groom's attendants is not as difficult as outfitting the bride's. The men in the entourage can simply match the style of the groom, who then may wear a different color tuxedo or suit, tie, vest (usually white), or boutonniere. When renting the groom's attendants' outfits, check the store's policies and fees for late rentals, deposits and additional charges, accessories, and fittings.

For the bride's attendants' attire, take into account varying personal preferences, figure types, range of budgets, and whether the dress can be worn again. In the traditional Latino wedding bridesmaids wear red, but other colors may be chosen to match the wedding motif.

To ensure that you'll have pretty—and satisfied—maids all in a row at your wedding, talk with them about dress styles and price ranges. Look through wedding magazines and catalogs together, and narrow down your choices. Visit a bridal salon with a few of your attendants at a time to try on the favorites before making a final decision. Perhaps you'd like your honor attendant to be distinguished from the rest of your bridesmaids by wearing a slightly different design. For all your bridesmaids, don't forget accessories—hairpieces, jewelry, special undergarments, and shoes.

If the dresses will be purchased ready-made, inquire about ordering, alterations, and payments. If you wish to have the dresses custom-made by a professional, you decide at least six months before the wedding. Begin by collecting friends' and family members' recommendations for designers. Interview more than one designer and discuss your wedding motif in detail. Make sure you understand the level of service offered, the charges, and all elements of scheduling, including delivery date.

For the pages, many choose to follow the Latin-American tradition of dressing the children as miniature versions of the bride and groom. Just as often, the ring bearer is attired in a suit to match the groomsmen, while the flower girl wears a dress similar to the ones worn by the bridesmaids. Search formal-wear shops, bridal salons, children's specialty clothing stores, or tailor shops for the children's wedding attire, taking into account your wedding style, the ages of the children, their parents' budget, ordering and buying policies, fitting appointments, and accessories.

## For the Parents and Godparent-Sponsors

Because your parents and godparent-sponsors have important roles of honor at your wedding, it matters that they dress for their parts. The mother of the bride usually chooses her dress to match the theme colors of the wedding, or sometimes to complement the shade of the bride's attendants' dresses. The mother of the groom takes her cue from the mother of the bride when selecting her dress, as do godmothers and other female sponsors. Fathers of the bride and groom wear tuxedos or suits similar to the ones worn by the groom's attendants. Godfathers and other male sponsors dress accordingly, or they may wear cultural clothes, such as a special-occasion guayabera.

 ## By Degree of Formality

The following chart will serve as a guide to selecting proper wedding attire. These are the recommendations of Weddings Beautiful Worldwide, a division of the National Bridal Service, and are based on Anglo-American etiquette.

 # Proper Wedding Attire
## According to
## Anglo-American Etiquette

| WEDDING MEMBER Bride | |
| --- | --- |
| Formal Daytime | White, ivory, or delicate pastel-tinted, floor-length wedding dress with a cathedral or a chapel (sweep) train. Long veil covering the train or extending to train length. Alternatively, ballroom dress with full skirt and optional sweep train. Bouquet or prayer book; shoes to match gown; long gloves with a |

short-sleeved dress (gloves are optional with a long-sleeved dress).

| | |
|---|---|
| Formal Evening | Six o'clock is the hour that separates the formal evening wedding from the formal daytime wedding. Wedding dress is the same as for the daytime, but fabrics and trimmings may be more elaborate. |
| Semiformal Daytime | White or pastel floor-length or ballerina dress. Veil is elbow length or shorter. Same accessories as formal wedding. |
| Semiformal Evening | Same as semiformal daytime. Fabrics or trim may be more elaborate. |
| Informal Daytime and Evening | White or pastel floor-length, ballerina, or tea-length dress or suit. Short veil or bridal-type hat. Small bouquet, corsage, or prayer book. Gloves optional. Contemporary shoes. |

| | |
|---|---|
| WEDDING MEMBER | Groom, Groomsmen, Ring Bearer, Fathers, Godfathers, Sponsors |

| | |
|---|---|
| Formal Daytime | *Traditional:* Cutaway coat (either oxford gray or black) with striped trousers, gray waistcoat, wing-collared white shirt, and a striped ascot. *Contemporary:* Black or gray contoured long or short jacket, striped trousers, wing-collared white shirt; gray vest (optional). Alternatively, jacket in selection of colors, matching pants, and coordinating shirt. |
| Formal Evening | *Traditional:* Black tuxedo or a dinner jacket, black striped trousers, coordinated vest or cummerbund, and bow tie. *Contemporary:* Contoured long or short jacket, matching trousers, wing-collared shirt, vest or cummerbund, and bow tie. *Ultraformal:* Black tails, white tie and accessories. |

| Semiformal Daytime | *Traditional:* Gray or black stroller, striped trousers, gray vest, white shirt, and gray-and-white striped tie. |
| | *Contemporary:* Formal suit in choice of color and style, matching or contrasting trousers, white or colored shirt. Bow tie, and vest or cummerbund. |
| Semiformal Evening | *Traditional:* Dinner jacket, black trousers, vest or cummerbund, white dress shirt, bow tie. In warm weather, white or ivory jacket. |
| | *Contemporary:* Formal suit (darker shades for fall and winter, lighter shades for spring and summer); matching or contrasting trousers. Bow tie to match vest or cummerbund. |
| Informal Daytime and Evening | Black, dark gray, or navy business suit. In summer, white or natural jacket, dark tropical worsted trousers; alternatively, navy blazer and white flannel trousers, or white suit. |

| WEDDING MEMBER | Bridesmaids, Flower Girl |
| --- | --- |
| Formal Daytime | Floor-length, ballerina, or tea-length dresses; cap, hat, wreath, or decorative hair comb, with or without a short veil; gloves to complement length of sleeves; shoes to match or blend with dresses. Honor attendant's dress may match or contrast with other attendants' dresses. |
| Formal Evening | Long or ballerina-length dresses; accessories same as daytime. Fabrics can be more elaborate. |
| Semiformal Daytime | Same as formal wedding, although style and fabric should be simplified. |
| Semiformal Evening | Long, ballerina, or tea-length dresses; accessories same as daytime. Fabrics may be more elaborate. |

| Informal Daytime and Evening | Same length dress as bride wears; however, if bride wears floor-length style, it is permissible for attendants to wear short dresses. Accessories should be simple and suitable to the ensemble. |
|---|---|

| Formal Daytime | Street-length dresses; small hats (optional), shoes, gloves, and corsage to harmonize. The mothers' ensembles should complement each other in regard to style, color, and length. |
|---|---|
| Formal Evening | Floor-length or ankle-length dresses, small head covering. Dressy accessories—for example, furs and dressy jewelry. |
| Semiformal Daytime | Same as for formal wedding. |
| Semiformal Evening | Same as for formal wedding. |
| Informal Daytime and Evening | Street-length dress or suit ensemble. |

Chapter 4

# Wedding Essentials

Details, details, details! Consider tending to the following wedding essentials when planning for your special event: the guest list, invitations, flowers, music, photography, and transportation arrangements.

## Guest List

Because marriage unites not only you and your future spouse but both your families (immediate and extended) and even your friends, you'll probably end up with more names on your list than you ever anticipated. Compiling a guest list is vital to managing these numbers.

Consult your spouse-to-be and both sets of parents and make two guest lists: a priority list and an alternate list. The priority list will

probably include members of your immediate and extended families, godparent-sponsors, people in your entourage (it is courteous but not obligatory to extend an invitation to their families), best friends, and co-workers or business associates. Count families instead of individuals when determining the final count for your wedding invitations. Those guests not on the priority list are placed on the alternate or announcement list; they may be invited if someone on the priority list is unable to attend, or they may receive a wedding announcement.

You are neither obligated to invite the escorts of single guests nor expected to have children at your wedding. Attendance is by invitation only. Therefore, when addressing invitations, list all the names of the people you want to attend. For example, if you want to invite couples only, then write formally on the outer envelope "Mr. and Mrs. Carlos Montoya Ramírez," and write on the inner envelope "Mr. and Mrs. Ramírez" or "Uncle Carlos and Aunt Rita." If you are inviting the entire family, then write formally on the outer envelope "Mr. and Mrs. Carlos Montoya Ramírez," and write on the inner envelope "Mr. and Mrs. Ramírez, María, Juan, and Carlito." It is considered improper etiquette to add "and Family" on the outer envelope, but this is acceptable on the inner envelope when you don't know all the names of the young children. Consult etiquette books for specific instructions on addressing formal wedding invitations.

Include stamped response cards with the invitations so you will know who is planning to attend. Even if you have taken all of the necessary precautions to manage the guest list, be prepared for uninvited people "crashing" your party. It may be an awkward situation at the moment, but honor the Latino tradition of hospitality: Smile and accept the uninvited guests, especially if they are part of your extended family. Remember to add a few extra settings when you give the final count for your reception to the caterer, just in case.

Refining the guest list and deciding who will and who will not be on it can be stressful. Begin working on your guest list as soon as the wedding date is set. Keep the communication open and both sets of parents informed as the list takes shape. Be sensitive to the suggestions and wishes of family members, but in the end the wedding couple decides who will attend. The creation of the guest list can become so complicated—and the risk of hurt feelings so high—it may even cross your mind to elope. Don't. Although it is true that you need only two witnesses to sign the marriage certificate, having a wedding confirms your new status as husband and wife within the community.

 ## Invitations and Announcements

Set the tone for your wedding by sending traditional Latino-style invitations. Because both the bride's and the groom's parents host the wedding, the names of both sets of parents appear on the invitation. The bride's parents are named on the top left side of the card, the groom's on the top right side. The wording continues downward and joins in the middle where common information, such as date, time, and place, is given; this is known as "Y" format, or staggered type. You can print your message in Spanish with English translations or vice versa. In the example reproduced below, shading is used to emphasize the distinct "Y" format.

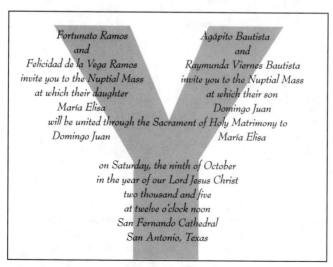

*Fortunato Ramos*
*and*
*Felicidad de la Vega Ramos*
*invite you to the Nuptial Mass*
*at which their daughter*
*María Elisa*
*will be united through the Sacrament of Holy Matrimony to*
*Domingo Juan*

*Agápito Bautista*
*and*
*Raymunda Viernes Bautista*
*invite you to the Nuptial Mass*
*at which their son*
*Domingo Juan*

*María Elisa*

*on Saturday, the ninth of October*
*in the year of our Lord Jesus Christ*
*two thousand and five*
*at twelve o'clock noon*
*San Fernando Cathedral*
*San Antonio, Texas*

**Wedding invitation in "Y" format**

César Castillo Osorio
Lois Fuden de Castillo

y

Hiram Amundaray Zeno
Lydia Rivera de Amundaray
tienen el honor de invitarle
al matrimonio de sus hijos
María Virginia

y

Francisco Antonio
el viernes 18 de julio de 2005
a las siete y treinta de la noche
en la Iglesia San Ramón Nonato
Maracaibo, Venezuela

RSVP
Teléfono 555-1234

## Wedding invitation in standard vertical layout

Many Latino wedding invitations sent today resemble Anglo-American invitations. The "Y" format is replaced by standard vertical layout, but both sets of parents are listed as the hosts of the wedding. Consider mailing identical copies of the invitations in Spanish and in English.

The wording on the invitation will vary in certain situations—if the bride's family issues the invitation as is the common Anglo-American custom, if

Ricardo y Mariana López
participan a Ud. el Enlace Matrimonial
de su hija
Anita
con el
Sr. Patricio Águilar

Andrés y Victoria Águilar
participan a Ud. el Enlace Matrimonial
de su hijo
Patricio
con la
Srta. Anita López

Madrinas y Padrinos
Velación: Juanita Cruz y Oscar Ramos
Lazo: Rosana Gutiérrez y Miguel Ángeles
Arras: Marina Concepción y Pedro Valdez
Ramo: Susana Bautista y Carlito Moreno

| Damas | Chambelanes |
|---|---|
| Angelina Águilar | Raúl Baltazar |
| Cristina Gutiérrez | Manuel Castelán |
| Marina Jalomo | Diego García |
| Rosarita Pérez | Juan Valdez |
| Dolores Zaragosa | Roberto Víctor |

Pajes: Mía Baybayan y Roy Navarro

y tienen el placer de invitar a Ud. y su apreciable familia a la
Ceremonia Religiosa que tendrá lugar el sábado, 20 de agosto de 2005
a las 2:00 de la tarde en la Iglesia de Nuestra Señora de Guadalupe
98 Northeast Street, Pasadena, California

**Wedding invitation in modified "Y" format listing the bridal party**

**Wedding invitation in standard vertical layout listing the bridal party**

the bride and groom host their own wedding, if names from divorces or remarriages are to appear on the invitations, or if a double wedding will take place. Often the printer's catalog of samples will provide some guidelines for appropriate wording. For additional help, seek the advice of a wedding consultant, the sales representative assisting you with your invitation orders, or a book of standard etiquette.

A Latino wedding invitation lists the names of the entourage members and godparent-sponsors. Instead of including all their names in the invitation, you can use a separate special insert. Often printed on tissuelike paper, this insert gives recognition to those who offer you emotional and financial support at your rite of

**Special insert to wedding invitation**

passage. The insert sample shown on the previous page can be adapted vertically or horizontally.

Other possible inserts (which can add to the bulk and postage costs of your invitation) include reception announcements, maps and directions, reserved seating and parking stubs, "at home" cards to inform guests of your address after the wedding, and response cards. Response cards are a gracious way to encourage guests to respond by a certain date; they are traditionally smaller than the invitation and include a preaddressed, stamped envelope. An innovative and less expensive alternative is a stamped response postcard.

*The favor of a reply is requested*

*on or before August 23, 2005*

*Name(s)* _____

____ *persons will attend*

**Response card requiring a preaddressed stamped envelope**

*Kindly respond on or before*

*April 20, 2005*

*M* _____

*Number attending* ____

*Sorry, cannot attend* ____

*The Rivera Family*
*123 Main Street*
*Miami FL 45678*

**Response postcard**

Because of the format and large amount of information, the Latino invitation is larger than traditional invitations. Extra postage is required, especially if you plan to include special inserts. Printers may also charge an additional setup fee for laying out your invitation in the "Y" format and for typesetting in Spanish.

The paper and special designs chosen for your invitation will also affect the price. Ivory or ecru invitations are traditionally elegant, although many different designs, including invitations incorporating photos and ribbons, are available through local stationery and gift shops, bridal salons, mail-order catalogs, and some spe-

> Pedro y Erlinda Ramírez
> se complacen en anunciar
> el matrimonio de su hija
> María Ana
> a
> Raúl González
>
> Liberato y Rosa González
> se complacen en anunciar
> el matrimonio de su hijo
> Raúl
> a
> María Ana Ramírez
>
> El sábado primero de junio del
> Dos mil cinco
> En la Iglesia Saint Francis Xavier
> Jajome, Cayey
> Puerto Rico

**Wedding announcement in "Y" format**

**Wedding announcement in vertical layout**

> Doctor Carlos Moreno
> Estrella Moreno Aragon
> and
> Reverend Jorge Cruz
> Rosario Cruz Guinto
> announce the wedding of
> their children
> Lourdes Maria
> and
> Rodrigo Felipe
> on the fourteenth of February
> in the Year of Our Lord
> Two thousand and one
> First Christian Church
> 713 West Place
> Reno, Nevada

cialty printers. Browse through the assortment of samples in the albums to get ideas, while keeping in mind the degree of formality, color schemes, and motifs that consistently express your Latino style.

To share your good news with people who are not invited to the wedding, send wedding announcements postmarked on the day you marry. Although the wording will change somewhat, keep the design consistent with your invitations, either the "Y" format or standard vertical layout, following the examples here.

Souvenir wedding programs provide for your guests an explanation of all the symbolism in your Latino wedding (see chapter 5). Programs can be ordered from invitation catalogs or print shops, or you can create your own by using a desktop publishing program on your computer. Alternatively, you can type the program or write it in calligraphy, copy it onto parchment or classic paper, roll it in scrolls, and secure it with a decorative ring or tie it with curling ribbons in the same color scheme as your wedding.

# Wedding Stationery Guidelines

 Inform your parents and godparent-sponsors of your design choice and work within your budget.

 Compare prices—you might find the same or similar invitations in another company's album or catalog at a lower cost.

 Response postcards require less postage and are cheaper to print than response cards with envelopes.

 The use of colored ink, lined inner envelopes, preprinted return addresses on the outer envelope, or sealing stickers will add extra charges to the price of your order.

 You may wish to purchase thank-you notes, social stationery, place cards, wedding programs, decorative marriage certificate, napkins, and imprinted favors along with your invitations.

 Understand all ordering instructions and payment terms before making your purchase. Get all terms in writing.

 Order a few extra invitations for keepsakes, mistakes, and "forgotten" guests.

 Proofread your order form for spelling, including Spanish accent marks and *tildes*. Have at least one other person proofread the order form.

 Assemble and address your invitations according to etiquette guidelines. Spell names correctly, use proper titles such as Doctor, Reverend, and Captain, and check for correct zip codes.

 Be sure that you have adequate postage on the outer envelope. Stamp all response card envelopes or postcards.

 Mail invitations at least eight weeks in advance to allow ample time for responses.

 Update your guest list(s) as responses are received. An index card file or spreadsheet can help with record keeping.

 Flowers

In medieval Spain, wedding flowers were chosen more for their symbolic meaning than for decoration. Brides carried bunches of herbs and grooms wore sprigs of herbs to symbolize fidelity and fertility. Aromatic rosemary and even garlic were used in bouquets to ward off evil spirits jealous of the happiness at the wedding.

Later, the orange blossom (*azahar*) became a popular bridal flower, first in Spain, then in France and America. Brides wore orange blossom flowerets molded in wax when fresh blossoms were not available. The symbolism is significant: The orange tree is one of the few in all nature that bears flowers and fruit at the same time—a symbol of the young and fruitful couple. The tree itself is evergreen, symbolizing the everlasting and unchanging nature of the newlyweds' love for each other.

The symbolism carried by flowers can have negative cultural connotations. For example, in Guatemala white flowrs are used in some funeral—not wedding—ceremonies. In Mexico some people believe that purple flowers are for funerals, red flowers cast spells, and white flowers lift them. In Chile yellow flowers represent contempt. And in Spain chrysanthemums and dahlias connote death. (Axtell, Roger E., *Do's and Taboos Around the World*, 1933)

Today roses in all their varieties are the favorite wedding flower. Because of their beauty and availability, roses are a good choice. In addition to the arrangements of roses, add a Latin touch by incorporating the national and native flowers of Spain or Latin America. Choose the lily leek and miniature daffodil from Spain, dahlia from Mexico, the spider flower from Colombia, tuberose begonia from Venezuela, spring starflower from Argentina, the copihue and butterfly flower from Chile, or the traditional Spanish *azahar*.

In the southwest United States and some parts of Mexico, the Latina-Catholic bride places a special bouquet at the feet of Our Lady of Guadalupe at the beginning of the ceremony. In Guadalupe, Mexico, in December 1531, Marian apparitions took place. In 1945, Pope Pius XII proclaimed Our Lady of Guadalupe the patron Madonna over the Americas.

Latina-Catholic brides in other parts of the United States also place a bouquet at the feet of the Virgin Mary as a thanksgiving offering or as a prayer request to follow her life's holy example. Therefore, Latina-Catholic brides may need three bouquets: one to carry, one to toss at the reception, and a third to place at the feet of the Virgin Mary or Our Lady of Guadalupe.

Make a list of all flowers needed, keeping in mind altar decorations, reception decorations and table centerpieces, pew markers, and garlands. Select flowers for bridesmaids, mothers, godmother-sponsors, and other special women at your wedding. Order a boutonniere for the groom to match the bride's flowers. Get additional boutonnieres for the groomsmen, father, godfather-sponsors, and other honored men. Choose complementary flowers for the ceremony and reception sites. If the church allows, recycle some flowers by using the ceremony arrangements as decorations at the reception site.

# Wedding Flowers

In a Latino wedding the bridal bouquet is often replaced by a floral-decorated Bible or prayer book presented to the bride by the godparent-sponsors.

Flowers are presented to the godparent-sponsors and mothers of the bridal couple at the ceremony to honor them.

Prepare a dainty basket with petals for the flower girl to scatter if she is not carrying a miniature bouquet.

Place two roses on a pillow and later present them to the mothers of the bride and groom in appreciation for giving the couple life and love.

Use a lace fan as a backdrop to your floral bouquets to emphasize the Latino theme.

Choose the bridal bouquet in proportion to your size. A large bouquet may overpower a petite frame, and a small bouquet will be lost amidst a fancy wedding gown.

Your friends or others may follow a Mexican practice by hanging garlands of flowers and clay flowerpots (*macetas*) over the bride's door before the wedding as a nice surprise.

Reserve floral arrangements at least six months before the wedding—one year before the wedding if your choices are difficult to import, you have chosen unusual arrangements, or your wedding day falls near a major holiday, such as Mother's Day or Valentine's Day.

Consider silk flowers as well as fresh-cut flowers, or a combination of silk and fresh. Discuss this with the florist.

Have a budget in mind before visiting floral shops.

Work with an experienced wedding florist. Beginning with the florist's portfolio, discuss your preferences and budget and the level of service offered by the shop. Negotiate the contract, including schedule, final and inclusive price, and cancellation fees.

Preserve fresh flowers from your bouquet as a keepsake. Your florist can recommend someone skilled in flower preservation.

Photography and Videography

A picture is worth a thousand words—in English or Spanish! Photographs and videos break the language barrier as they capture, communicate, and translate all the emotions of your wedding day. With the technology available today, even distant relatives can enjoy scenes of your wedding instantly through the Internet.

Hiring a competent photographer and videographer is essential to getting a complete record of your special day. A friend or relative may charge less, even if that person is a professional, but photographing a wedding is hard work and the person who does the photography cannot enjoy the celebration. Use your network of family and friends to collect names of recommended photographers. You may find the right photographer through advertising or the Yellow Pages®; regardless of the source, check both the photographer's name and the business name with the Better Business Bureau® for complaints on file. Visit several studios to look through sample wedding albums. Ask the photographers you interview about their firsthand knowledge of Latino weddings; they have seen many, many weddings and are an overlooked resource for ideas. Collect notes and price lists from all visits.

After you have chosen a photographer and videographer whose prices, workmanship and standards, and personality suit you, negotiate the contract. Include in the contract all fees, discount schedules for package deals, services and protocol, uniform and dress codes, location setup fees, special photofinishing and video effects, equipment and crew, image preservation strategies, such as acid-free album pages, and production of extra video copies. Also include in the contract a date when proofs or negatives and master tapes will be ready. Ask about reservation and cancellation policies and liability for lost images.

Well before the wedding, brief the photographer and videographer about the posed and candid shots that must be taken. Make a list of these must-have shots, and provide the photographer with a schedule of wedding activities from start to finish and a list of people in the wedding party who will be available to help.

Following an Anglo-American custom, Latino couples often have an engagement photograph made. Latina brides sometimes have a formal bridal portrait made ahead of time so that it can be displayed at the reception. Because of cultural superstitions about a bride's wearing and being seen in her complete ensemble before the actual wedding day, this is not always done. Having the wedding portrait made in advance adds extra cost and can take away from the romantic anticipation of the groom's first glimpse of his beautiful wife-to-be as she walks toward him down the aisle.

Give disposable cameras as favors at the reception so guests can take candid shots. You'll have plenty of photos that you can then include with your thank-you notes.

## Music and Dancing

Music and dancing can turn an ordinary gathering into an extraordinary party, if these do not conflict with your religious beliefs. Music provides a romantic ambience to a solemn ceremony and a festive flair to a reception. The music for your ceremony should be discussed with the officiant. Some churches and synagogues object to any secular music, including the very traditional "Bridal Chorus from Lohengrin" by Richard Wagner and Felix Mendelssohn's "Wedding March." In that case, ask the music director to suggest sacred music appropriate for your ceremony. When you engage the services of an organist, pianist, choir, or soloist, expect to pay for their special contributions.

If your ceremony is held at a courthouse or other secular location, ask about restrictions on music and musicians. At a minimum, most sites will permit audio recordings.

For the reception, hire a disc jockey or a live band. Be sure to ask about all fees (including overtime), special setup and equipment requirements, their attire, and musical selections. Ask specifically for Latino performers and music. Do not expect the deejay to double as the emcee at the reception; instead, ask a friend to serve as emcee to make the necessary announcements.

Latino music at your reception can include steel drums, classical Spanish guitar, or the colorful presence of *mariachis*. The groom may want to follow a Spanish courtship custom of yesteryear and serenade his bride (*serenatas tradicionales*); perhaps she will reciprocate with her own beautiful ballad.

In Latino culture, where there is music, there is dance—and a wide array of dance styles. The *merengue, mambo, cha-cha, tango, salsa, cumbia,* and *rumba* all could be part of the reception fun. You'll be ready to lead the way to the dance floor if you and your partner enroll in a few dance lessons or brush up on steps before your wedding.

Circle and line dances such as the *Macarena* and the *conga* are popular at Latino weddings. At wedding celebrations in Mexico, the guests form a heart and the newlyweds dance in the middle. Another Mexican wedding dance is the Snake Dance, *La Víbora*. Single women form a line and pass under the couple's clasped hands. When the music stops, one woman is "captured" in the newlywed's arms, much like the child's game "London Bridge Is Falling

Down." The bride then gives her bouquet to the captured woman. The single men perform the same dance, and at its end, the groom removes the bride's garter and tosses it to either all the bachelors or just the one caught. In another version, the bride and groom stand on chairs, facing each other, and hold the groom's coat between them as an arch for the single women to dance under and around. When the music stops, the bride tosses her bouquet to the women.

Traditional and folk dances from other Latin countries include the *sardana* and *flamenco* from Spain, the *samba* from Brazil, the hat dance and Indian deer dance (*yaqui*) from Mexico, the *cueca* from Colombia and Chile, the *joroko* from Venezuela, and the *carnavalito* from Argentina.

A favorite Latino (mostly Mexican) wedding dance is the money, or dollar, dance. It is almost culturally expected in some regions of the United States as part of the wedding fun and a chance for well-wishing guests to donate extra cash gifts for the newlyweds to spend on their honeymoon or to help them start up a new bank account.

But there is controversy surrounding the dollar dance; some find it "tacky" or "sexist" because it is viewed as a blatant solicitation for money or even as a subtle form of prostitution, especially when the money dance is not a regularly observed tradition in the couple's own families.

If you decide to include the money dance at your reception, do it for fun and not just for profit. The emcee should announce that guests are not obligated to participate, and should not pressure or embarrass them. You may also explain the money dance tradition in your reception programs so guests who are unfamiliar with this custom will not misunderstand your intentions.

There are several variations of this dance. While the newlyweds dance to their favorite love songs, guests can:

- take the bride's and groom's shoes—or for *Tejanos*, the groom's boots—and pass them around to collect donations

- throw coins and dollars at the couple's feet

- pay the bride or groom for a dance

- line up to pin bills on the couple's clothing

- put money in small envelopes and give them to the groom, who puts them in a special purse carried by his bride

The first dance of the celebration belongs to the newlyweds. Guests then follow the couple to the dance floor.

In Latino etiquette it is considered rude for the bridal couple to leave the reception before their guests, so they stay through to the last dance. Your guests may be having so much fun that they linger, but you can count on the closing time of the reception hall to end the festivities.

## Transportation

A dramatic arrival and departure from your wedding create an unforgettable impression. The trip to the church is stately and quiet; the trip away from the church is riotous and exciting as horns honk and guests cheer joyously, announcing to the world that you are "Just Married!" The wedding car is decorated with white flowers, followed by a caravan of entourage members in cars decorated in the wedding colors.

Couples are very creative when it comes to getaway vehicles. Stretch limousines, vintage cars, and luxury sport vehicles are popular. Other means of leaving the ceremony or reception include hot-air balloons, fire trucks, motorcycles, boats, helicopters, and trolleys. Horse-drawn carriages are another option and are reminiscent of the era of sophisticated, elegant ladies and dashing gentlemen (*doñas y dones*).

If you are renting a limousine, you'll need to make arrangements six months before the wedding. When you visit the showroom, ask about minimum rental requirements, overtime charges, champagne packages, limitations on decorations, and tipping. Specify pickup and drop-off times when negotiating the final contract. Prepare maps, directions, and wedding schedule for the chauffeur(s). As with everything else, get all terms in writing.

If you use your own cars on your wedding day, have them cleaned, waxed, and filled with gas. Decorate the cars without compromising safety. Control access to your car if you don't want it decorated by a spontaneous and enthusiastic committee of well-wishers.

For a real royal treatment, line the walkway from the bride's door to the car and from the curb to the church with red carpeting rented from a local carpet store. *Luminarias* lining the way to the entrance for the ceremony or reception site are pretty and very Latino but require special precautions. *Luminarias* are made by placing candles in paper bags that are weighted down by sand. **Warning:** Special care must be exercised when using lighted candles at ground level around children and flowing dresses.

After the reception, your honor attendants and/or the godparent-sponsors can be counted on to return rented items such as candelabra, kneeling benches, and large wedding decorations (for example, archways or columns), so you don't have to worry about such details on your special day. Do be sure to prepare in advance written instructions indicating where and by what deadline the items must be returned.

*Chapter 5*

# The Ceremony

You have spent months waiting, planning, spending, coordinating, decorating, emoting, celebrating, and rehearsing for the long-awaited special day!

The ceremony is the heart of and the reason for all your preparations, and before you at this moment is the culmination of all your efforts. Here, together, you stand in a beautiful setting, glowing with happiness, surrounded by those you love looking on as you promise to love and honor each other.

Though you may have had daydreams (or sometimes nightmares) of your wedding, be assured that thanks to your organization and preparation, everything will fall into place.

# A Latino-Christian Wedding Ceremony

Candles are lit.

Godparent-sponsors (*padrinos*) who are sponsoring the Bible are seated.

*Padrinos* who are sponsoring coins are seated.

*Padrinos* who are sponsoring the cord are seated.

*Padrinos* who are sponsoring wedding pillows place them where the couple will kneel, and are seated.

Mother of the bride is escorted to her seat on the left arm of an usher.

Mother of the groom is escorted to her seat on the left arm of an usher, and seated next to her husband.

Officiant, groom, and best man enter from the side.

Bride's attendants enter, escorted by groom's attendants.

Maid of honor enters.

Flower girl and ring bearer enter.

Bride enters on her father's left arm and walks down the aisle to processional music.

Officiant welcomes all.

Father of the bride "gives her away" and takes his seat next to his wife.

Officiant offers blessings on the couple and on the day, and reads special selections chosen by the wedding couple.

Soloist or musicians perform.

*Padrinos* present Bible to the couple and return to their seats.

*Padrinos* present coins in a treasure box to the couple and return to their seats; the groom takes the thirteen coins from the box and, as he repeats vows, places them, one by one, in the bride's hands. After receiving the coins, she passes them to her maid of honor for safekeeping. In a variation of this custom, the *padrinos* offer the coins in a lace or satin pouch to the priest, who blesses them and places them in the groom's palm. The groom then presents the pouch to the bride or pours the coins into her palms, and she then returns them to him. He then gives them to the best man. The coins may be gold or they may be gold-dipped Mexican, Spanish, American, or other Latin currency.

Couple exchanges wedding rings and vows.

Couple kneels on pillows for the presentation of the cord (*el lazo*); *padrinos* place the cord around the shoulders of the couple with the cross hanging in the center between the two. The godmother places the left loop over the bride while the godfather places the right loop over the groom.

Couple remains kneeling for the veil ceremony. The veil ceremony sometimes replaces the presentation of the cord.

*Madrina* and *padrino* remain standing behind the couple while they receive communion. *Madrina* holds the *mantilla* away from the bride's face for the communion blessing and removal of the cord.

Mothers of the bride and groom approach and light two small candles in the candelabra and pass them to the couple, who in turn light the center candle together.

Groom lifts the *mantilla* and kisses the bride.

Officiant gives final blessings and pronounces the couple husband and wife.

Bride marches down the aisle on the groom's left arm to appropriate recessional music.

Entourage follows.

A Colombian tradition holds that single women guests try to steal the groom's boutonniere after the recessional, before he gets to the reception. It is believed that whoever snatches it will be the next to marry.

# Latino-Christian Wedding Symbolism

In Latino weddings, the gentleman always escorts the lady on his left arm because it puts her closest to his heart. In Anglo tradition, a gentleman escorts a lady on his right arm as if to protect her from horses, mud, or trash on the street.

The mother of the bride is escorted to her seat before the mother of the groom, symbolizing that she is the main hostess of the wedding.

Godparents present the couple with a Bible or prayer book to encourage them to pray. It is often a hardcover book with a pearlized finish or elaborately decorated with lace and pearl-trimmed satin and imprinted with the couple's names and the date of the wedding.

The couple kneels for a blessing—a symbol of their humility before God—on a special pillow embroidered with a favorite sentiment, verse of Scripture, or the couple's names and wedding date. The pillow or cushion symbolizes the hope for comfort in their new home.

In the veil ceremony, godparent-sponsors drape the bride's veil over the shoulders of the groom while the couple kneels. A variation uses a specially designed shawl (*mantón* or *echarpe*) to cover the bride and groom's shoulders, symbolizing that although the couple may shoulder unexpected burdens in marriage, they will always be covered and protected by God's love.

The cord (*el lazo*) is a fabric cord, floral garland, or long rosary wrapped around the couple to bind them as husband and wife. *El lazo* is tied in a figure eight, the mathematical symbol of infinity, to symbolize eternity.

The thirteen coins (*arras* or *monedas*) presented to the bride by the groom symbolize the groom's commitment to take care of his bride and make his wealth hers. The passing of coins back and forth is a symbol of sharing worldly goods, for richer or for poorer. The number of coins—thirteen—is significant. In Catholic Spain the number thirteen represents Christ and his twelve apostles.

The treasure box (*el cofre*) in which the coins are kept is often elaborate and reflects the status of the family. The box may be decorated with jewels, religious paintings, or pearls or may be gold-plated, and it may be handed down from one generation to another. A lace or satin pouch, specially designed pillow, or handkerchief can be used instead to hold the coins and even the wedding rings.

Rings are exchanged to symbolize the strength and eternity of love. Latinos did not always exchange rings; for hundreds of years, Spanish gypsy brides wore a necklace made of the wedding coins in place of a wedding ring.

To show appreciation for the mothers' gifts of life and love, the couple presents their mothers with the roses that were placed on the kneeling pillows at the beginning of the ceremony.

The unity candle is lit to remind the couple that Jesus is the Light of the World. The couple's parents or mothers light the outer candles on a tri-candelabra. The couple then takes the candles lit by their parents from the candelabra and lights the middle candle together to symbolize the uniting of two families.

## PRE-COLUMBIAN CEREMONIES

Mayan weddings traditionally took place at the bride's home. A shaman, who burned incense and explained the details of the marriage agreement, performed the ceremony.

Incan mass wedding ceremonies among the commoners took place in the village's public meeting center during certain seasons. Single people would form lines—one for men and the other for women—and the chief would declare whoever stood before him as married partners. How fortunate for the Incans if their place in the line matched up with someone they loved in the other line when they reached the chief!

Provide your guests with a souvenir wedding program that explains all the special symbolism in your Latino-Christian wedding ceremony. Include the order of service, music lyrics, translation of Spanish or English as appropriate, and recognition of the members of the wedding party.

For civil, mixed marriage, and other kinds of ceremonies, consult the officiant about the order of ceremony appropriate for your circumstances. Envision, plan, and rehearse the ceremony. Discuss Latino traditions and customs with the officiant so that all will know what to expect on the day of the wedding. Write out the order of ceremony, refine and adjust it, and make copies for everyone with a role.

## Processional Order

### Priest or Minister

#### Groom

##### Best Man

Groom's Father *(seated)*

Godmothers | Godfathers

**carrying**

| | |
|---|---|
| Bible | Bible |
| Coins | Coins |
| Cord | Cord |
| Kneeling pillow | Kneeling pillow |
| Mother of the Bride | Groomsman |
| Mother of the Groom | Groomsman |

Bridesmaids
Maid of Honor

 Flower Girl | Ring Bearer

Bride | Bride's Father

## Positions at the Altar

Priest or Minister

| | |
|---|---|
| Bride | Groom |
| Maid of Honor | Best Man |
| Flower Girl | Ring Bearer |
| Bridesmaids | Groomsmen/Ushers |

| | |
|---|---|
| *(seated)* Bride's Parents | Groom's Parents *(seated)* |
| Godmothers | Godfathers |

*(seated until presentation of Bible, coins, and cord)*

## Recessional Order

*In Latino weddings, females are escorted on the male's left.*

| | | |
|---|---|---|
| Godfathers |  | Godmothers |
| Groom's Father | | Groom's Mother |
| Bride's Father | | Bride's Mother |
| Groomsmen/Ushers | | Bridesmaids |
| Best Man | | Maid of Honor |
| Ring Bearer |  | Flower Girl |

**followed by**

Groom  Bride

# Chapter 6

# Reception

Latinos are infamous when it comes to partying, and your wedding is cause for major celebration. The wedding reception is the main event—*la fiesta grande*—that honors your just-married status. For your reception to be a success, all the details and logistics need careful advance attention.

## Site

Locate a place that is private, accessible, and large enough to hold your reception. Don't limit yourself to a banquet hall or a hotel ballroom. Consider a yacht or cruise ship, garden park, historic hacienda or mansion, museum or art gallery, college campus facility, restaurant dining room, theater, sports arena, skating rink, beach, pool, or home. Reserve the date and time at least six

## BLOCK PARTIES

Wedding *fiestas* in early Latin American villages were grand block parties that lasted for several days as the bride and groom's families and also their godparents took turns hosting various receptions in the newlyweds' honor. As always, there was an abundance of food for all the guests, music, dancing, and, in the Mexican villages of Oaxaca, Huejutla, and Yaqui, fireworks to scare away evil spirits and to joyously announce the marriage of the Latino lovers.

months in advance of the wedding date.

 ## Price

Ask about deposits for reserving the site, service charges, cleanup or overtime fees, tax and gra-tuities, and payment methods and schedules. Stay within budget, negotiate contracts, and make sure the contract spells everything out in writing.

 ## Service

Inquire about the wait staff, parking attendants, security, bartenders, and others servicing your reception. Make sure there are enough of them to provide the services requested. Let the site manager know if coordinating efforts with your other service vendors (caterer, baker, musicians, photographer and videographer, and florist) will be needed.

## Receiving Line

Have a receiving line at your reception; it may be the only opportunity for you to greet your guests individually. In Latino custom, as in Anglo, the order of a receiving line traditionally begins with the bride's mother, then the groom's mother, bride, groom, maid of honor, and bridesmaids. Fathers of the newlyweds may or may not be included, but if fathers are part of the receiving line, they stand to the left of their wives. Many Latinos do include their fathers in the line because of strong family values. Godparent-sponsors may be part of the receiving line, but this makes for a lengthy line, and so they are frequently omitted. Groomsmen/ushers are not part of the receiving line.

*Receiving line is the same as in Anglo wedding except father's presence is optional*

## Seating Arrangements

Typically, the newlyweds and their attendants sit at a head table facing their guests. There are many variations to the head table seating arrangement, but the newlyweds always sit in the middle. The best man sits next to the bride while the maid of honor sits next to the groom. The rest of the attendants sit at the head table, alternating males and females. Another seating arrangement places the bride's attendants to her side and all the groom's attendants to his side, with the honor attendants sitting closest to the bride and groom.

The newlyweds' parents sit at a separate table, together or separately. The bride's parents' table may include her grandparents, and the groom's parents' table may include his grandparents. All godparent-sponsors may be seated together at a special table or with their own families.

Give special consideration to seating arrangements if any of the newlyweds' parents are divorced. Use place cards to let everyone, including the wedding party, know where to sit.

## Menu

Enjoy a tremendous feast with an overabundance of food! For Latinos, serving only cake and punch is just not enough; they want a variety of hearty cuisine in massive quantities. Serve a sit-down meal or offer a buffet with food stations. Fill your wedding reception menu with traditional *fiesta* foods.

Jews serve only kosher foods (for example, no pork or shellfish) at the reception. Be careful not to serve meat and dairy products at the same meal. Jewish wedding feasts begin with the blessing, cutting, and sharing of a loaf of braided bread (*challah*) as a communal offering.

Muslims also follow strict religious guidelines concerning food. *Halal* items are acceptable.

For specific recipes of *fiesta*, kosher, and Muslim foods, search through cookbooks at the library or on the Internet. Ask your family to prepare some heritage dishes for your guests if the site manager allows outside food to be brought to the reception. Make sure that there is enough food to feed the entire crowd, with ample leftovers.

# Fiesta Foods

| Appetizers (Tapas), First Courses, Soups, and Salads | Main Courses/ Entrees | Desserts and Drinks |
|---|---|---|
| • Meat-filled turnovers *(empanadas)*<br>• Fritters or fried-snacks *(fritangas)*<br>• Tortilla chips *(tostaditos)* and salsa dips (including guacamole and *pico de gallo*<br>• Salads and mixed vegetables (beans/*frijoles*, peppers, tomatoes, and corn)<br>• Chili with cheese *(chile con queso)* dishes<br>• Soups (especially *picadillo*) and rice<br>• Bite-sized sausage *(chorizo)* platters | • Roasts *(asados, lechón)* or grilled/barbecued *(barbacoa)* meat (chicken, beef, and pork)<br>• Fajita and taco bar<br>• Enchiladas<br>• Tamales<br>• Beef tripe dish *(menudo)*<br>• *Paella*<br>• Fresh seafood (like *cebiche*)—popular in coastal regions and in the Caribbean<br>• Chicken or turkey with *mole* sauce—adapted from *los indios*<br>• Veal or beef in chili broth *(birria)*—from Mexico | • Fresh fruits<br>• Plantains *(tostones o maduros)*<br>• *Sopaipillas*<br>• *Buñuelos*<br>• Custard *(flan)*<br>• Fine chocolates<br>• Cookies *(jarascas)* including *bizcochitos/polvorones*<br>• Cake *(pastel)* (rum-laced fruitcake or *tres leches*)<br>• Imported beers, alcoholic beverages, and coffees from Central and South America |

## Mexican Wedding Cookies

*Bizcochitos* or *polvorones*, small biscuitlike cookies that taste like a sweet shortbread, have become known to Latinos in the American Southwest and Mexico as the traditional wedding cookie. Feature this dessert at the wedding itself and at nuptial get-togethers.

**Ingredients:**

1 cup softened butter
½ cup confectioners' sugar
½ teaspoon vanilla extract
2 cups sifted all-purpose flour

¼ teaspoon salt
1½ cups finely chopped nuts
Extra confectioners' sugar for dusting cookies

**Procedure:** Preheat oven to 350 degrees. With an electric mixer, beat the butter and confectioners' sugar in a medium-sized bowl. Add vanilla. Gradually combine flour, salt, and nuts into mixture. Pinch out one-inch balls from the dough mixture and roll till smooth. Place on ungreased cookie sheets about ½ inch apart. Bake for 15 minutes or until lightly browned. Remove from the cookie sheet immediately. While the *bizcochitos* are still hot, roll in confectioners' sugar to coat.

**Yield:** Approximately 4 dozen. May be stored in an airtight container for up to one week.

 Cake

Newlyweds eat cake to get a taste of the sweet life of marriage. Before ordering the wedding cake, visit several bakers. Your baker can decorate a delicious wedding cake with your flavors, colors, motif, and budget in mind to create the ultimate centerpiece. Visit a few bakeries for design ideas, including tiers, cake tops, fountains, or bridges. Slice the cake hand-in-hand with your spouse with a decorated knife and server. The wait staff will cut the rest and distribute pieces to your guests.

For Latinos of Caribbean heritage, the traditional wedding cake is a fruitcake laced with rum. Modify an old Argentinean and Peruvian wedding cake custom in which the cake is decorated with multicolored ribbons (similar to Victorian and southern Anglo-American customs). One ribbon has a fake diamond ring attached. Before the cake is cut and served, single women at the reception pull out the ribbons. The one who gets the ribbon with the ring will marry within the year. If her marriage doesn't take place, tradition calls for the bride to throw a party in the girl's honor.

Latino grooms in the South may have a special cake of their own as a complementary dessert to the white wedding/bridal cake. Traditionally chocolate (derived from the Aztec *xocolatl*), the cake can be decorated with chocolate-dipped strawberries or nut sprinkles, topped with an ornament representing his favorite hobby (like a miniature soccer ball), shaped as a symbol (like a guitar, football, fish, etc.), or simply frosted in a basket-weave pattern or smooth, rich glaze. Guests may indulge in this additional wedding treat in honor of the newly married man.

## Toasts

The toast is a time for the wedding party to say what's in their hearts. Assign someone to propose the first toast to the bride and groom. This duty usually falls to the best man. He should keep the speech brief, tasteful, and sincere. Conclude with a Latino toast. Be sure to consider bilingual toasts.

Be aware of the liquor laws in your area, the reception site's policies on alcohol consumption, religious and dietary restrictions, and any corkage fees. If you're not serving champagne, consider one of the preferred wines or spirits of Latin countries, as suggested in *The Complete Book of Wedding Toasts* by Diane Warner.

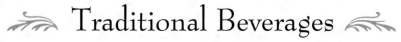

# Traditional Beverages

| | |
|---|---|
| Argentina | Mate (a nonalcoholic tealike drink) |
| Bolivia | Rum |
| Chile | Pisco (grape liquor) or Chilean wine |
| Colombia | Aguardiente or rum |
| Costa Rica | Guaro or chirrite |
| Cuba | Rum |
| Ecuador | Chicha |
| El Salvador | Wine |
| Guatemala | Aguardiente |
| Honduras | Rum |
| Mexico | Tequila or pulque |
| Nicaragua | Chicha |
| Panama | Wine |
| Paraguay | Canna (local brandy) |
| Peru | Canna (grape-based brandy) or pisco |
| Spain | Spanish wines or brandies |
| Uruguay | Grappa, canna, rum, or cognac |
| Venezuela | Rum |

# Latino Toasts

| | |
|---|---|
| Argentina and Bolivia | *Salud* (To your health!) |
| Colombia | *Brindo por [names of the bride and groom]* (I drink for [names of the bride and groom]) |
| Mexico | *Salud y tu amor* (To your health and to your love!) |
| Spain | *Salud, pesetas, y amor . . . y tiempo para gozarlos* (Health, money, and love . . . and time to enjoy them!) |
| Venezuela | *A la salud* (To your health!) |

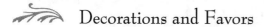 Decorations and Favors

Reinforce your wedding style at your reception with creative decorations. Flowers, balloons, bows, bells, and candles in your wedding color scheme enhance the festiveness of the party. Set up and decorate a separate table for the guest book and another for the gifts and cards. Fans (*abanicos*) are a popular Spanish and *folklórico* motif and could be used to design centerpieces; or fold napkins in a fan shape. Miniature sombreros are another fun and colorful idea. If children will be present at your wedding reception, amuse them with a *piñata*, which you can make yourself or purchase from a party supply or craft store.

Favors are distributed to guests as a parting memento of the wedding to thank them for attending. Favors also are a way to share the good luck of the wedding couple. Typical favors include candies (tied in tulle or placed on tiny porcelain dishes), matchbooks, notepads, perfume bottles, crocheted items, or your photograph in a small picture frame.

Another decoration and favor idea from Puerto Rico centers around a doll dressed as a bride. Tradition calls for placing ribbon favors (*capias*) on the doll's dress. During the reception, the bride removes these ribbon favors from the doll and pins one on each of the wedding guests. The ribbons generally are printed with the bride's and groom's names and wedding date.

## Schedule of Events

Discuss with your emcee the order of the reception by outlining a tentative timetable of activities. Include a program for guests at each table so they may follow along and look forward to the next special feature.

---

WEDDING RECEPTION SCHEDULE

Arrival of guests, entourage, and the newlyweds

Formation of the receiving line

Welcome speech and prayers

Introduction of the entourage and newlyweds

Meal

Cake-cutting

Toasts and other well-wishing announcements

Bouquet throw

Garter toss

Entertainment

Games

A brief "love history" of the couple

Dancing

Farewell

---

# Chapter 7

# Honeymoon and Home

From the moment you answered "yes" to his proposal until the time you both vowed "I do," your lives were in a constant whirlwind of activities focusing on the wedding. Finally, alone to relax with your new spouse, you are able to escape from this eventful period to renew yourselves and focus on each other. Your honeymoon can be the perfect ending to all the wedding festivities and the joyous beginning of a happy marriage—if you plan your travels in advance.

## Travel Arrangements

Continue the Latino theme of your wedding by planning a "heritage honeymoon." Consider visiting the warm and sunny Latin isles in the Caribbean, exploring the ancient Aztec, Mayan,

and Incan civilizations and exotic tropical rain forests of Central and South America, or cruising along the Mediterranean coastline of Spain. Wherever you plan to travel, contact your travel agent or the destination's tourism office for initial ideas. Coordinate your wedding date with your honeymoon schedule, if possible. Alternatively, it may work best to plan an anniversary trip to commemorate your first year; that way you both can have time off from work or school without the added pressures of the wedding.

Budget-conscious couples should avoid traveling during peak seasons. Check the fluctuating and competitive rates for airfares and cruise prices. Compare prices for hotels and car rentals. Use frequent-flyer benefits and discount coupons. Consider a package tour.

In addition to taking spending money in traveler's checks and credit cards, take cash for taxis, tips, and small purchases.

It's a good idea to make your travel arrangements at least six months in advance of your honeymoon, especially if you will travel internationally. Set the departure time well after the ceremony to allow yourselves time to meet the flight. Confirm these arrangements again three months before travel and the week before your wedding.

Prior to departure, have your passport updated and have any nec-

## DESTINATION WEDDINGS

A wedding and honeymoon combined into one travel package is a novel option for couples. A wedding coordinator plans the entire ceremony with the couple's ideas so they don't have to worry about the details. A destination wedding is a convenience for couples who prefer an intimate celebration, especially if there are financial, time, or family pressures, or who have been married before and do not want an elaborate affair. Or, if money is not an object, then an extravagant destination wedding can be a great pilgrimage for the couple's entire family, relatives and friends! Destination wedding companies may also organize anniversary trips and reaffirmations. Consider traveling to Spain or Latin America for your special event.

essary immunizations. Make sure drug prescriptions have been filled, and buy motion sickness medication just in case.

A few days before the trip, check the news for weather information, and pack for your trip.

For foreign travel, learn at least a bit of the language to give you an advantage in communicating. Be prepared for some culture shock.

Make a list of activities you want to do together as a couple and those you will do on your own. Read travel books about your honeymoon destination and note any special precautions.

During your honeymoon, write postcards to your loved ones. Keep a travel journal or diary. Dine, shop, sightsee, relax, and enjoy each other's company. Dream about the future you will share together. Your honeymoon lasts a few days, but recall your wedding vows and be reminded that marriage spans a lifetime.

## Thank-you Notes

Show your appreciation to all those people who have participated in your wedding by giving each individual special gifts during the prewedding parties. If you host a postwedding gathering at your new residence, honor them again by bringing back some souvenirs from your heritage honeymoon. They'll appreciate your thoughtfulness and cherish the authentic Latino handicrafts from your trip.

Thank all your guests by writing notes acknowledging the gifts you have received. Be diligent about writing these notes. Many people have extended themselves to help you prepare for this momentous occasion; it is only gracious to convey your appreciation in a heartfelt *gracias*. Personalize each card by neatly hand-writing your expression of gratitude. Include the date, salutation with the name of the gift-giver, a brief message that mentions the gift and how it will be used in your married life, and a closing. There are many books at your local library that can help you say the right thing. Two specialized books that may be helpful are *Bride's Thank You Guide: Thank You Writing Made Easy* by Pamela A. Piljac and *The Bride's Guide to Writing Thank You Notes* by Laura Robbins.

## Happily Ever After

When you return from your memorable honeymoon, you cross the threshold into a new marital status. Take time to adjust to each other and your new living arrangements. Write those thank-you notes promptly. Clean and preserve your wedding gown. Choose the proofs you'll want made into photos for your wedding album. Plan a romantic dinner to reminisce about your wedding day. Before you know it, you will be celebrating the first of many anniversaries.

The excitement of the wedding and honeymoon may be over, but with a positive attitude, humor, commitment, fidelity, trust, honesty, and communication, your relationship will be solid and healthy and your love will last. And as long as Latino traditions and customs are practiced, our heritage will not be forgotten. *¡Viva el amor!*

---

### TRADITIONAL AND CONTEMPORARY ANNIVERSARY GIFTS

Latinos enjoy family gatherings, and an anniversary is always a good reason to celebrate a successful marriage with loved ones. Below is a gift-giving guide based on Anglo traditions. Substitute the items for imported gifts from the couple's country of origin for an especially meaningful and cultural touch.

---

# Traditional

1st: paper
2nd: cotton
3rd: leather
4th: fruits and flowers; linens
5th: wood
6th: sugar and sweet; iron
7th: wool; copper
8th: bronze and rubber
9th: pottery and willow
10th: tin; aluminum
11th: steel
12th: silk and fine linen
13th: lace
14th: ivory
15th: crystal
20th: china
25th: silver
30th: pearls; ivory
35th: coral; jade
40th: rubies
45th: sapphires
50th: gold
55th: emeralds
60th: diamonds

# Contemporary

1st: clocks
2nd: china
3rd: crystal; glass
4th: electrical appliances
5th: silverware
6th: wood
7th: desk sets
8th: linens; lace
9th: leather
10th: diamond jewelry
11th: fashion jewelry; accessories
12th: pearls; colored gems
13th: textiles; furs
14th: gold jewelry
15th: watches
16th: silver hollowware
17th: furniture
18th: porcelain
19th: bronze
20th: platinum
25th: sterling silver
30th: diamonds
35th: jade
40th: rubies
45th: sapphires
50th: gold
55th: emeralds
60th: diamonds

# Resources

This resource guide is not exhaustive, but it may provide leads for planning your Latino wedding. For further information and ideas, contact your local Latino Chamber of Commerce, cultural center, university or college Spanish language and literature department, tourism boards, and embassies; check your telephone directory for other listings; and search the World Wide Web.

 ## Wedding Attire and Accessories

### Bridal Gowns and Formal-Wear Information

**L'ezu Atelier**
  860 South Los Angeles Street
  Suite 9300
  Los Angeles CA 90014
  Phone: (213) 622-2422
  Web site: www.lezu.com
The design duo is Argentinean Corina Lewinzon and Venezuelan Patricia Nevil. All dresses are made in their main shop in California. Other stores in North America, including in Mexico City, carry their bridal wear.

**Cristina Arzuaga**
  Phone: (291) 780-9647
  Web site: www.cristinaarzuaga.com
This New York–based Puerto Rican designer can make an original bridal gown for you. She also sells headpieces (tiaras) and accessories. Call her studio to make an appointment or to find a dealer near you.

### Edgardo Bonilla

Phone: (877) BONILLA/(877) 266-4552

Web site: www.thecollectionbridal.com/edgardobonilla/edgardo.htm

Call the toll-free number to contact the designer's main office in New Jersey. All gowns are made in Puerto Rico.

### Ana Hernández

301 Newbury Street

Boston MA 02115

Phone: (781) 485-0881

Designer and model Ana Hernández is a Peruvian couturier who can custom-cut a bridal gown especially for you. Visit her at her studio in Boston or preview her designs at www.theknot.com/bs_main.html.

### Carolina Herrera Bridal Collections and Boutique

954 Madison Avenue at 75th Street

New York NY 10021

Phone: (212) 944-5757 or (212) 249-6552

Fax: (212) 944-7996

Web site: www.carolinaherrerabridal.com

Designer Carolina Herrera was born in Caracas, Venezuela. Write to her company for a list of stores in your area that carry her bridal collections.

### Lázaro

JLM Couture, Inc.

501 7th Avenue

Suite 1014

New York NY 10018

Phone: (800) 924-6475

Web site: www.lazarobridal.com

Cuban-born Lázaro Pérez's bridal gowns and bridesmaids' dresses are sold in select stores in the United States, England, and Puerto Rico.

### Pronovias USA, Inc.

1 Johnson Road

Lawrence NY 11559

Phone: (516) 371-0877

Fax: (516) 371-0880

Web site: www.pronovias.com

E-mail: info@pronovias.com

This company began in Barcelona, Spain, and has become one of the world's largest bridal gown and formal-wear specialists. Manuel Mota is the collection's director. Contact them for a list of exclusive retail stores that sell their designs.

**Ángel Sánchez**
    526 7th Avenue
    Floor 9
    New York NY 10018
    Phone: (212) 921-9827
    Web site: www.angelsanchez.com
This Venezuelan couturier has a unique architectural style to his designs.


## Miscellaneous

**Bridal Gown Guide**
    c/o Windsor Peak Press
    436 Pine Street
    Boulder CO 80302
    Phone: (303) 442-8792
    Fax: (303) 442-3744
    Web site: www.bridalbargains.com
For a review of bridal gown designers, contact the "wedding watchdogs" Alan and Denise Fields, authors of *Bridal Gown Guide, Bridal Bargains,* and *Cyberbride.*

**International Fabricare Institute**
    The Association of Professional Dry Cleaners and Launderers
    12251 Tech Road
    Silver Spring MD 20904
    Phone: (800) 636-2627
    Web site: www.ifi.org
Send for your free copy of "Wedding Gowns: Caring for Your Fabrics."

**Wedding Gown Specialists**
    Phone: (800) 501-5005
    Web site: www.weddinggownspecialists.com
Contact them to find a wedding gown specialist in your area to preserve and restore your wedding gown. The web site is in English and Spanish.

## Tuxedos and Guayaberas

### Oscar de la Renta
550 Fashion Avenue
New York NY 10018-3203
Phone: (212) 354-6777

Oscar de la Renta was born in Santo Domingo, Dominican Republic, and studied fine arts in Madrid, Spain. Most tuxedo shops carry his signature formal wear.

### The Guayabera Shirt Company
8870 SW 40th Street (Bird Road)
Miami FL 33165
Phone: (305) 480-0967
Fax: (305) 485-1114
Web site: http://guayaberashirt.com
E-mail: coolwear@wwbcity.com

This company specializes in classic Latino wear for men.

### El Charro
P.O. Box 21470
Baltimore MD 21282-1470
Phone: (877) 980-1248
Fax: (800)-878-5444
Web site: www.elcharro1.com

This company sells Mexican regional costumes and *folklórico* dance outfits. Grooms may purchase a custom-fit suit (fully decorated jacket and pants) and a *sombrero* for a traditional, romantic look.


## Veils and Accessories

### Jendro Hats and Veils
Web site: www.jendro.com

Jendro Hats and Veils—which has been rated number one in customer service, delivery, and fit in a nationwide survey by Bridal Information Resource—has a wide variety of bridal headpieces. Jendro headpieces are available through your bridal salon.

### Lands Far Away Imports
8215 Ulmerton Road
Largo FL 33771
Phone: (727) 524-6968

Web site: www.boutique-flamenco.com

E-mail: Tina@Boutique-Flamenco.com

Owner Tina Benayas imports a large selection of wedding accessories, veils (*mantillas*), shawls, lace fans, *flamenco* dance items, and music from Spain. She also teaches, directs, and choreographs many Latin dance styles in her studio.

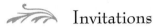 # Invitations

### Free Catalogs

For free catalogs of mail-order invitations, stationery, gifts, decorations, garters, toasting goblets, and other wedding items, call the toll-free numbers below or visit this web site: www.wedding.orders.com. Most are able to print invitations in Spanish.

American Wedding Album (800) 428-0379

Ann's Wedding Stationery (800) 557-2667

Creations by Elaine (800) 323-2717

Dawn (800) 528-6677

Dewberry Engraving Company (Southern U.S.A.) (800) 633-6050

Evangel (Christian) (800) 342-4227

Jamie Lee (800) 288-5800

Now and Forever (800) 451-8616

The Precious Collection (800) 553-9080

Rexcraft (800) 635-4653

Wedding Traditions (800) 635-1433

Willow Tree Lane (800) 219-9230

### Stationers

**Crane and Company, Inc.**

Phone: (800) 613-4507

Web site: www.crane.com

Contact them for retail stores carrying fine wedding stationery.

**C. R. Gibson Company Factory Store**

13670 North Meridian

Carmel IN 46032

Phone: (800) 541-8880

Fax: (317) 843-1445

Web site: www.crgibson.com

This company features invitations and some Latino wedding products.

### Carlson Craft
1750 Tower Boulevard
North Mankato MN 56003
Phone: (507) 625-0505 or (800) 292-9207
Web site: www.carlsoncraft.com

### Stylart
1 Stationery Place
Rexburg ID 83441
Phone: (800) 635-8149 or (800) 624-6181
Web site: www.stylart.com

Both Carlson Craft and Stylart feature Latino wedding invitations, announcements, and other stationery. Contact them for your nearest Carlson Craft and Stylart dealers.

### Tatex Thermographers
P.O. Box 2660
Waco TX 76702
Phone: (254) 799-4911
*Fax:* (800) 521-8576
Web site: www.tatex.com
E-mail: info@tatex.com

Tatex Thermographers has a special album featuring Latino wedding invitations and products such as the cord, coin box, and pearlized Bible. Contact them for a Tatex dealer near you.

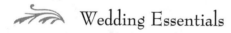 ## Wedding Essentials

*Flowers*

### Fantastica Bride Flora Ltd.
3517 South Halsted
Chicago IL 60609

This Latino company manufactures fancy bouquets, headpieces, and veils. It also published a bilingual magazine, *La Novia B. Linda.*

### Humberto's Florist and Bridals
900 South Dixie Highway
West Palm Beach FL 33401
Phone: (561) 832-2146
E-mail: HumBride@aol.com

This bilingual company specializes in wedding flowers, attire, invitations, and accessories.

## Music and Dance

**Benayas School of Flamenco and Belly Dance**
Refer to the previously listed Lands Far Away Imports for Latino dance lessons and imported *flamenco*, Spanish guitar, and other musical recordings.

**Cantilena**
Fax: (561) 361-9293 or (954) 981-7433
Web site: www.cantilena1.com
E-mail: cantilena1@aol.com
This elegant ensemble based in south Florida plays a variety of music for your wedding, including classical tangos.

## Transportation

**National Limousine Association**
546 East Main Street
Lexington KY 40508
Phone: (800) NLA-7007
Fax: (606) 226-4411
Web site: www.limo.org
Call for a referral for limousine companies in your area.

 # Cakes and Cookies

**Allen & Cowley**
c/o Cooking.com
2850 Ocean Park Blvd
Suite 310
Santa Monica CA 90405
Phone: (800) 279-1634
Web site: www.allen-cowley.com
Order their Mexican wedding cookies (*bizcochitos*) through www.cooking.com.

**Duncan Hines Kitchen Connection**
   Procter and Gamble
   Public Affairs Division
   P.O. Box 599
   Cincinnati OH 45201-0599
   Phone: (800) DH-MOIST or 346-6478
   Web site: www.duncanhines.com
Contact them for a free copy of the booklet *Tier and Party Cake Instructions*.

**Wilton Industries**
   2240 West 75th Street
   Woodridge IL 60517
   Phone: (888) 824-9520
   Web site: www.wilton.com
Wilton is well known for cake decorating classes and products (cake tops, wedding accessories, figurines, favors, cake stands, and bakeware). See the current *Wilton Yearbook*, available at most craft, hobby, and cake and candy supply shops, for wedding cake designs and icing recipes. Also available are *The Wilton Wedding Planning Guide,* several wedding cake albums, a shower book, and a party favors instruction book.

 Favors and Miscellaneous

**Amorcitos Greetings**
   P.O. Box 2551
   Colorado Springs CO 80901-2551
   Phone: (877) 400-AMOR
   Web site: www.amorcitos.com
This company manufactures cards for pure love (*puro amor*) and other Latino events.

**San Francis Imports**
   1919 North Victory Place
   Burbank CA 91504-3425
   Phone: (800) 882-4916
   Web site: www.sanfrancis.com
   E-mail: sfi@sanfrancis.com
This company imports and manufactures religious goods and gifts. You may purchase the double rosary, coin box, Bibles, invitations, and Latino wedding sets from a retailer near you.

## Beauty Consultants

**Mary Kay Cosmetics**
Phone: (800) Mary Kay or (800) 627-9529
Web site: www.marykay.com
Ask Mary Kay for a list of independent beauty consultants who will work with you and your bridal attendants to create a lovely look for the wedding. There are consultants available all over the United States as well as in Argentina, Chile, El Salvador, Guatemala, Mexico, Spain, and Uruguay.

## Photography and Videography

**Professional Photographers of America**
229 Peachtree Street NE
Suite 2200
Atlanta GA 30303
Phone: (888) 977-8679 ext. 333
Web site: www.ppa.com
Send a self-addressed stamped envelope to receive *What Every Bride Should Know About Wedding Photography*. You can also request a list of member professional photographers and videographers in your area. Or search online for a photographer in the United States, Latin America, or Spain.

**Rice Photography**
3119 Lorain Road
North Olmsted OH 44070
Phone: (440) 979-0770
E-mail: PRfisheye@aol.com
Patrick Rice, M. Photog. Cr., PPA, and his wife, Barbara Fender-Rice, Cr. Photog., PFA, have photographed weddings and are knowledgeable about Latino customs.

## Magazines

**Agenda para la novia**
1700 Avenida Fernández Juncos
San Juan, Puerto Rico 00909-2999
Phone: (787) 728-4545
Web site: www.casiano.com
This Puerto Rican–based magazine is published in Spanish annually.

### Boda Magazine
Charlone 1601 (1427)
Buenos Aires, Argentina
Phone/Fax: (54-11) 4555-1006
Web site: www.bodamagazine.com.ar
E-mail: info@tarino.com.ar

This Spanish-language publication from Argentina contains wedding planning features.

### Latina
1500 Broadway
Suite 600
New York NY 10036
Web site: www.latina.com

This popular women's magazine publishes an annual wedding edition each summer.

### Latina Bride
1015 West Lake Avenue
Suite 208
Pasadena CA 91104
Phone: (626) 296-1249
Web site: www.latinabride.com
E-mail: latinabride@aol.com

This specialty magazine features Latino weddings and *quinceañeras*.


## Wedding Coordination Services

Contact the following organizations for a list of wedding coordinators in your area.

### Association of Bridal Consultants
200 Chestnutland Road
New Milford CT 06776-2521
Phone: (860) 355-0464
Fax: (860) 354-1404
Web site: www.bridalassn.com
E-mail: BridalAssn@aol.com

**Association of Wedding Professionals International**
2730 Arden Way
Suite 218
Sacramento CA 95825-1368
Phone: (800) 242-4461
Web site: www.afwpi.com

**June Wedding, Inc.**
1331 Burnham Avenue
Las Vegas NV 89104-3658
Phone: (702) 474-9558
Web site: www.junewedding.com
E-mail: robbi@junewedding.com

**Weddings Beautiful Worldwide**
A Division of the National Bridal Service
3122 West Cary Street
Richmond VA 23221
Phone: (804) 355-6945
Fax: (804) 359-8002
Web site: nationalbridal.com

**World Bridal**
Web site: www.worldbridal.com
Complete wedding plus honeymoon packages are available in the Americas. Contact this company for further information.

 Latino Associations

**National Association of Hispanic Journalists**
1193 National Press Building
Washington DC 20045-2100
Web site: www.nahj.org

**National Council of La Raza**
1111 19th Street NW
Suite 1000
Washington DC 20036
Web site: www.nclr.org

**U.S. Hispanic Chamber of Commerce**
2175 K Street NW
Suite 100
Washington DC 20037
Website: www.ushcc.com

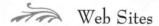 Web Sites

### Wedding Web Sites

For updated information on wedding web sites, go to www.cyberbridebook.com.
www.blissezine.com
www.bridaltips.com
www.iBride.com
www.perfect-wedding.com
www.theknot.com
www.theweddingshopper.com
www.ultimatewedding.com
www.uniquewedding.com
www.weddingbells.com
www.weddingchannel.com
www.weddingdetails.com
www.weddinghelpline.com
www.weddingpages.com
www.weddingspot.com
www.weddingweb.com
www.wedguide.com
www.wednet.com
www.wedserv.com

### Latin wedding web sites

www.bodas.org (Spain)
www.guianovias.com (Argentina)
www.hispanicbride.com (USA)
www.latinabride.com (USA)
www.tuboda.com (Mexico)

## Latin web sites

www.cibercentro.com
www.coloquio.com
www.divina.com
www.hispanicvista.com
www.latino.com
www.latinoweb.com
www.nosotros.com
www.quepasa.com
www.todolatino.com

## Miscellaneous web sites

www.latincards.com and www.monteazul.com
Send electronic greetings for weddings and other special occasions.

www.webzone.net/tlaloc/index2.htm
Create your personal wedding web site using free Latino graphics from
Salsa Verde Graphics.

 **Further Reading**

Axtell, Roger E. *Do's and Taboos Around the World.* 3d ed. New York: John
Wiley and Sons, 1993.
Bride's Magazine, ed. *Bride's All New Book of Etiquette.* New York: Perigree
Books, 1993.
Diamant, Anita. *The New Jewish Wedding.* Texas: Summit Books, 1986.
Fernandez-Shaw, Carlos M. *The Hispanic Presence in North America: From
1492 to Today.* New York: Facts on File, 1991.
Gomez, Raul, Heliodoro Lucatero and Sylvia Sanchez. *Gift and Promise /
Don y Promesa: Customs and Traditions in Hispanic Rites of Marriage.* Port-
land: Oregon Catholic Press, 1997.
Hefter, Wendy Chernak. *The Complete Jewish Wedding Planner.* Maryland:
PSP Press, 1997.
Klausner, Abraham J. *Weddings: A Complete Guide to All Religious and Inter-
faith Marriage Services.* New York: Signet Books, 1986.
Lalli, Cele Goldsmith, and Stephanie H. Dahl. *Modern Bride Wedding Cel-
ebrations.* New York: John Wiley and Sons, 1992.

Latner, Helen. *The Everything Jewish Wedding Book.* Massachusetts: Adams Media Corporation, 1998.

Long, Becky. *Something Old, Something New: 701 Creative Ways to Personalize Your Wedding.* Minnesota: Meadowbrook Press, 1997.

Novas, Himilce. *Everything You Need to Know About Latino History.* New York: Plume, 1998.

Nuiry, Octavio, and Kirk Whisler, ed. *1999 National Hispanic Media Directory: Latin American Media.* WPR Publishing, 1998.

Piljac, Pamela A. *The Bride's Thank You Guide: Thank You Writing Made Easy.* Chicago: Chicago Review Press, 1993.

Robbins, Laura. *The Bride's Guide to Writing Thank You Notes.* New York: Notations, 1996.

Smith, Jacqueline. *The Creative Wedding Idea Book.* Massachusetts: Adams Media Corporation, 1994.

Soto, Gary. *Snapshots from the Wedding.* New York: Putnam Publishing Group, 1997. *This children's book about a Mexican-American flower girl mentions many Latino wedding activities. Illustrated by Stephanie Garcia.*

Stein, Molly K., and William C. Graham. *The Catholic Wedding Book.* New Jersey: Paulist Press, 1988.

Toor, Frances. *A Treasury of Mexican Folkways.* New York: Crown Publishers, 1947.

Van Laan, Nancy. *La Boda: A Mexican Wedding Celebration.* Boston: Little and Brown, 1996. *This children's book makes a good gift for flower girls. The story centers on a young girl and her grandmother watching a wedding taking place in a Oaxacan village. Illustrated by Andrea Arroyo.*

Warner, Diane. *The Complete Book of Wedding Toasts.* New Jersey: Career Press, 1996.

Weddings Beautiful Assignment No. 10: *The History of Wedding Traditions.* Virginia: National Bridal Service. Undated.

Weddings Beautiful Assignment No. 9: *Traditions in a Hispanic Wedding.* Virginia: National Bridal Service. Undated.

Weddings Beautiful Assignment No. 13: *What You Should Know About Wedding Fashion.* Virginia: National Bridal Service. Undated.

# Index

## About the Author

Edna R. Bautista, an award-winning writer and educator, is certified as a wedding specialist by Weddings Beautiful Worldwide, a division of the National Bridal Service. She has worked as a bridal consultant at Bridal Classiques in Tulsa, Oklahoma, and now serves on the editorial advisory panel of *Wedding Bells* magazine. Dr. Bautista is a journalism and intercultural communications professor in New Jersey.

*Viva el amor (Long Live Love!): La guía para las bodas latinas* es mi regalo de bodas para las parejas que quieren personalizar su día especial al celebrar su herencia latina. También es un manual profesional como reconocimiento a mis colegas en la industria de las bodas quienes se esfuerzan para expresar su sensitividad cultural mientras coordinan eventos con temas étnicos. Y es un guía de ayuda para interesados en aprender más acerca de nuestros ritos históricos.

¡Ahora que esta información acerca de las costumbres de las bodas entre la gente latina está documentada a través de estas páginas, pueda nuestra cultura—como el amor—perdurar para siempre!

# Viva el amor

## La guía para las bodas latinas

*Una guía para planear
una ceremonia tradicional
y tener una fiesta fabulosa*

### Edna R. Bautista

Un libro de Fireside
Publicado por Simon & Schuster

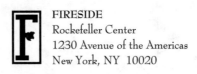

**FIRESIDE**
Rockefeller Center
1230 Avenue of the Americas
New York, NY 10020

Diseñado por Patrice Sheridan
PRODUCIDO POR K&N BOOKWORKS INC.

Fabricado en los Estados Unidos de América
10 9 8 7 6 5 4 3 2 1

Library of Congress Cataloging-in-Publication Data
Bautista, Edna R.
Viva el amor : the Latino wedding planner : a guide to planning a traditional ceremony and a fabulous fiesta / Edna R. Bautista.
p. cm.
Added t.p. title: viva el amor : la guía para las bodas latinas : una guía para planear una ceremonia tradicional y tener una fiesta fabulosa.
Includes index.
English and Spanish.
ISBN 0-7432-1381-5
1. Weddings—United States—Planning. 2. Wedding etiquette—United States. 3. Wedding etiquette—Latin America. 4. Hispanic Americans—Marriage customs and rites. 5. Marriage customs and rites—Latin America. I. Title: Latino wedding planner. II. Title: Viva el amor : la guía para las bodas latinas : una guía para planear una ceremonia tradicional y tener una fiesta fabulosa. III. Title: Guía para las bodas latinas. IV. Title.
HQ745 B38 2001
395.2'2—dc21                    2001023862

Información en pagina 33 cortesía de paulist Press, adaptado de *The Catholic Wedding Book* por Molly K. Stein y William C. Graham. Copyright 1988.
Información en paginas 70–75 cortesía de Weddings Beautiful Worldwide, una división del National Bridal Service. Copyright.
Traducción por el Foreign Language Center, Colorado Springs, CO (Silvia Uribe, traductora) y Tina Peña, traductora.

# Contenido

# Reconocimientos

Yo, María Edna Ramos Viernes Bautista, agradezco y honro a Dios, quien hace posible todas las cosas buenas, como este libro.

También reconozco a mi esposo, Richard Owen Parkinson, y mi familia, los Bautista (papi Domingo, mami Elisa, y mi hermano Dennis Juan) por su amor y apoyo.

Expreso mi aprecio a las siguientes personas por ayudarme con este proyecto. Muchas gracias a:

 mi confidente Tina Peña, traductora, coordinadora del Departamento de Español en Tulsa Community College y Directora de Mercado de la revista *Imagen Latinoamericana*, por ser una gran motivadora y bendición en mi vida

 "Las 3 Doris": Doris Cooper, mi editora en Simon and Schuster; Doris Baker, mi antigua publicadora en Filter Press; y Doris Nixon, mi mentora en Weddings Beautiful Worldwide, una división del National Bridal Service, por hacer que *Viva el amor* se haga una realidad

 mi madrina, diseñadora de modas Rosario Cruz; mi tía, abastecedora y panadera María Concepción Bohe; y antiguas compañeras de trabajo en Bridal Classiques in Tulsa, Oklahoma, por haberme dado la oportunidad de obtener experiencia en la industria de bodas mis amigas Lineth Guerra, Milagros Habibi Zavala, Angelina Jalomo, Silvia Mont, Carlos Rodrigo Moreno, Janice Vargas, Marianella Vicarioli, y James "Diego" Wiske por impartir su conocimiento y sabiduría de la cultura

 los diversos consulados, embajadas, e instituciones de turismo latinoamericanos por confirmar y actualizar la información en esta edición

 Kathleen Cowan, asistente editorial en Simon and Schuster; Odilia Peña y Silvia Uribe, especialistas del idioma español; Patrice Sheridan, diseñadora del libro; Jennifer Comeau, editora; y Patrick Rice y Barbara Fender-Rice de Rice Photography por contribuir su tiempo y talento a este libro

 novias y novios por compartir sus recuerdos especiales e ideas sobre cómo observar las tradiciones latinas en el día de su boda

 y a todos los demás quienes no nombré pero a quienes estoy muy agradecida por proveer su asistencia durante el proceso de publicación y mercadeo.

# Viva el amor

# Introducción

 ## Nuestra raza latina

En este milenio, los latinos continúan influenciando la cultura e historia de los Estados Unidos en una forma bastante dramática, como si estuviéramos pasando por una "reconquista". Nuestra raza latina tiene una historia cultural muy rica y con una riqueza de tradiciones que puede añadir profundidad y significado a su boda en los días modernos.

Esta historia empezó en el año 1492 con una visión de expansión que se hizo realidad bajo los monarcas españoles Fernando e Isabel, y se vieron exploradores enérgicos y conquistadores viajando al Nuevo Mundo, en busca de tesoros de oro y reclamando tierras para España. Pueblos coloniales y misiones cristianas fueron es-

tablecidos, con las primeras colonias permanentes en el oeste de los Estados Unidos establecidas en el Valle del Río Grande en Nuevo México en 1598. A partir de entonces, los españoles recién llegados vivieron entre amerindios (los indios), los africanos quienes fueron traídos al Nuevo Mundo como esclavos, y otras poblaciones europeas. Los descendientes de este diverso grupo y mezcla racial y cultural constituye al grupo de población que llamamos *latino*, y las tradiciones que ellos dejaron todavía son importantes para la vida del latino de hoy.

Los términos *latino* e *hispano* a menudo se usan de manera intercambiable. Aunque *hispano* o *hispánico* es la palabra que se usa para categorizar a la gente descendiente del español, es muy limitada para representar la mezcla de gente de los países latinoamericanos. Es así como ha pasado a usarse el término panamericano *latino*. Muchos latinos se identifican como latino/latina, hispano/hispana, o americano/americana y, al mismo tiempo, como mexicano/mexicana o puertorriqueño/puertorriqueña, cubano/cubana, etc.

La influencia latina actual en la cultura americana se puede medir en varias formas. Los latinos constituyen la minoría de crecimiento más rápido en los Estados Unidos. El reporte del Censo del 2000 predice que los latinos sobrepasarán a los afroamericanos y formarán dentro de poco el grupo de minoría étnico más grande en los Estados Unidos. El idioma español, el cual es un fuerte lazo común entre las diversas personas latinas, es el tercer idioma más hablado del mundo. Muchos de los nombres de los sitios en los Estados Unidos son en español, y el vocabulario inglés-americano se encuentra lleno de palabras de origen español. Uno puede encontrar restarauntes y comida mexicana y latinoamericana en cada comunidad, la música latina se ha traspasado con mucho éxito en la corriente de la música pop, y las películas con temas latinos son un éxito en las taquillas. Las cadenas de televisión bilingüe y en idioma español como Univisión y Telemundo, emisoras radiales, la prensa, y sitios de web abundan.

Tradiciones de bodas latinas

Una boda es un hermoso momento apropiado para revivir las tradiciones latinas, ya que es a través del matrimonio y de la vida familiar que estas costumbres culturales continúan y serán pasadas a las futuras generaciones. Incorporando las costumbres de bodas latinas, usted profundizará el significado de su propio día de bodas y honrará a las generaciones pasadas que establecieron y preservaron estas significativas tradiciones.

España dejó una base fuerte y significante en el desarrollo de la cultura latinoamericana en el Nuevo Mundo durante el siglo XV, y medio milenio más tarde, todavía se refleja en los ritos de las bodas contemporáneas.

Los padrinos juegan un papel muy importante en muchas bodas latinas hoy. El sistema del *compadrazgo* fue desarrollado como una red de apoyo para la familia. Los antiguos exploradores vivían demasiado lejos de sus parientes, quienes estaban en España, y algunas veces necesitaban guardianes ajenos a la familia para cuidar a sus niños en caso de que los padres llegaran a ser incapacitados y no pudieran cuidar a sus propios niños. Esta práctica, de origen tanto religioso y como tradicional, de escoger padrinos para eventos como bautismo y bodas le ha dado a la gente de descendencia española un sentido seguro de responsabilidad mutua y de identidad comunitaria muy sólida.

Los colonizadores eran católicos devotos y construyeron varias misiones como parte del plan de España para la conquista espiritual del Nuevo Mundo. Para mantener su identidad cristiana entre los nativos paganos, mantuvieron su simbolismo religioso en sus ritos ceremoniales en las celebraciones de las bodas, como el velo, el lazo, y las arras.

La conversión final de los amerindios y de los esclavos americanos reforzó la cultura dominante de España. Pero las influencias regionales, tales como el vestuario cultural, la música y el baile, y las comidas de fiesta, surgieron en América Latina y se han compenetrado con las tradiciones originales de España en los ritos de las bodas.

Cuando la cultura del oeste con tendencia global se hizo popular, muchas tradiciones del Viejo Mundo se descontinuaron en favor de "modernizarse" y tomar la iniciativa de su independencia de la norma imperante. Además, los índices en aumento de emigración y aculturación de las costumbres del oeste, y los matrimonios interraciales, han casi borrado las costumbres típicas practicadas en los matrimonios latinos. Si no fuera por la gente de los pueblos quienes continuaron observándolas, y por los historiadores y antropólogos quienes registraron aquellos ritos nupciales, no habría quedado hoy nada en lo personal ni en lo cultural con lo referente a las bodas latinas.

El movimiento de los derechos civiles en los Estados Unidos incrementó la conciencia étnica y un nuevo despertar cultural al cierre del siglo XX. Las parejas comprometidas empezaron a buscar ideas que convirtiesen sus bodas en algo singular y orgullosamente investigaron su herencia e historia para la realización de sus sueños.

Así que, si uno o ambos de usted/ustedes es o son latino/s, usted querrá que su boda defina quienes son ustedes como pareja cuando se conviertan oficialmente en marido y mujer. Diga "Me comprometo" al incluir algunas tradiciones latinas cuando ustedes amorosamente celebren el comienzo del resto de su vida como pareja.

# *Tradiciones de bodas latinas*

Selección de los padrinos-patrocinadores para apoyo durante sus festividades nupciales y como guía a través de su vida de casados.

El vestido y los accesorios culturales.

Las invitaciones y adiciones estilo doble.

Las flores de naranjo (azahares) o flores nativas.

Ceremonia bilingüe de la boda.

Una ceremonia de velo para simbolizar la protección de Dios.

Una ceremonia de lazo para simbolizar que este matrimonio es para toda la vida.

Una ceremonia de arras para simbolizar el compartimiento de los bienes materiales.

Una caravana ruidosa de la ceremonia a la recepción.

Una fiesta de alimentos latinos, con inclusión de los bizcochitos.

Un pastel de bodas o pastel de frutas con cintas escondidas para estirar.

El brindis bilingüe con bebidas nativas.

Mariachis, música latina, y bailes tradicionales populares en su recepción.

La tanda del dólar para simbolizar la prosperidad y la seguridad financiera.

Las piñatas para los invitados jóvenes.

Una muñeca nupcial cubierta con obsequios de cinta (capias).

Un destino latino para su luna de miel.

## Capítulo 1

# El compromiso

¡Está usted comprometida! ¡Felicidades y viva el amor! Antes de emprender todos los detalles de su boda, goce de este tiempo de felicidad con su futuro esposo. Debido a que una boda latina es tradicionalmente un evento familiar, usted puede contar con sus padres—los representantes principales de su casa—para pasar la buena noticia, así que cuénteselos primero a ellos. El anuncio está garantizado de viajar rápidamente a través de la red de comunicación familiar. Una fiesta para celebrarlo es apropiada. Esto dará a las familias una oportunidad de conocerse si ellos todavía no lo han hecho.

Anuncie formalmente su compromiso a través del periódico de la ciudad. Contacte con el redactor de sociales o estilo de vida y pida formas de anuncio de compromiso. Algunos periódicos incluirán su fotografía con el anuncio de compromiso.

Durante este momento, una reseña del compromiso es dada. El novio da un anillo de compromiso, usualmente un solitario de diamante, a su futura esposa como un símbolo de promesa y de recuerdo. Otras joyas de compromiso pueden ser un arreglo con la piedra del mes o una pieza heredada actualizada y personalizada para la ocasión. Un joyero acreditado puede trabajar dentro de sus preferencias de diseño y presupuesto y puede ayudarle a seleccionar sus anillos de boda.

## COSTUMBRES DEL CORTEJO Y DEL COMPROMISO

En los pueblos, cuando a un hombre le interesaba una mujer, él trataba de impresionarla (y esperaba obtener su aceptación) al darle serenata al caer la noche. Ella se sentaba junto a la ventana y escuchaba las canciones románticas de él. Si el interés era mutuo, ella lo invitaba a entrar a la casa y lo presentaba a su familia. El padre de ella lo cuestionaba acerca de su vida personal para asegurarse de que su hija se casara con un hombre decente.

Puesto que los latinos valoran la familia, las visitas entre los parientes de la pareja es una parte integral del rito prematrimonial para acercarlos, no sólo al hombre y a la mujer, sino también a las familias. La familia del hombre visita a la familia de la mujer y traen o intercambian regalos de chocolate o cacao en grano, artículos comestibles (entre los aztecas eran las tortillas o tamales), artículos domésticos, ropa hecha a mano, vasijas de barro, bebidas alcohólicas, o pipas para fumar. El compromiso formal (el prendorio) tiene lugar cuando el novio—o un representante de su familia, el portador o la portadora—pide la mano de la novia; esto se consideraba el acto más honorable en el proceso del cortejo.

Los enamorados eran acompañados para asegurarse de que la novia cristiana se mantuviera virgen. Para unos amerindios también, la castidad de la novia era una virtud, mientras que otros consideraban que convivir antes del matrimonio era una prueba para un matrimonio compatible.

El uso de oro o plata para la boda se basa en el espíritu de los conquistadores, quienes encontraron una abundancia de estos metales preciosos entre los aztecas, incas, y las civilizaciones mayas, y en las minas del suroeste de los Estados Unidos. Los anillos son intercambiados durante la ceremonia de la boda para simbolizar la fuerza y la eternidad del amor.

## Las fiestas antes de la boda

Junto con una boda vienen muchas oportunidades para celebrar. Las fiestas más comunes son las lluvias de regalos *(showers)*, reunión nupcial, la despedida de soltero, y la cena de ensayo.

**El "shower."** El "shower" moderno ha evolucionado de las prácticas centenarias del sistema de la dote. Una dote era la riqueza que una novia traía a su boda. Si el padre de la novia rechazaba al novio y rehusaba pagar una dote, o si él no podía proporcionar una dote suficiente, los familiares y amigos de buen corazón le "llovían" a la pareja con dinero y bienes.

En el sistema español de la dote, la novia o su padre le daba una dote al novio o al novio y a su familia. En el pasado en la comunidad latina, una vez que el padre de la novia daba permiso para que su hija se casara, el novio asumía responsabilidad financiera; proveía por ella y por la boda en su totalidad. En la actualidad, los miembros del comitiva de bodas (padrinos) ayudan con los gastos de la boda patrocinando artículos tales como las invitaciones, el pastel, las flores, los obsequios, o las decoraciones. Además, a la novia y al novio les llueven encima los regalos de su registro durante fiestas antes de la boda. Las lluvias de regalos tradicionales pueden componerse de comida latina, música latina, y decoraciones de minisombreros o abanicos de encaje.

**Despedida de soltera y soltero.** La despedida de soltera o reunión nupcial son fiestas ofrecidas por la novia o por alguien cercano a la novia, para celebrar con los asistentes, amigas más cercanas, y familiares sus últimos días de mujer soltera. La reunión de amigos puede ser una cena en algún restaurante latino, una fiesta en el hogar de la novia, una merienda campestre, o una reunión en un club. Hay un intercambio de regalos. La novia da a sus asistentes recuerdos especiales de la boda y agradece a todos los presentes por su ayuda y apoyo en la planificación de su próxima boda. La novia recibe típicamente un obsequio de ropa interior por parte de los asistentes de su fiesta de soltera.

De manera similar, el novio, o alguien cercano a él, da una fiesta para sus amigos cercanos y asistentes. Planee tener la fiesta de soltero por lo menos una semana antes de la boda, de esa manera no competirá con otros acontecimientos de última hora. La fiesta de soltero ha ganado una reputación riesgosa, pero muchas fiestas son eventos muy apacibles concentrados en algún acontecimiento deportivo, un viaje de acampar, o una cena fuera. Una ronda de brindis se hace para decir adiós al pasado del novio y para desear buena suerte. Es una vieja, pero cara, costumbre hacer un brindis en el nombre de la novia y luego romper los vasos para que ningún brindis de un orden más alto se pueda hacer. Los novios pueden tomar esta oportunidad para presentar obsequios—tales como plumas y llaveros grabados, certificados de obsequio, carteras u otros artículos de piel, o tazones a sus asistentes.

**La cena de ensayo.** El día antes de la boda, todos los participantes en la ceremonia—asistentes, padres de familia, padrinos-patrocinadores, y patrocinadores—se reúnen para practicar sus papeles bajo la dirección de su coordinador u oficiante de la boda. El ensayo es únicamente lo que se implica. Respete la autoridad del director de ensayo. Un ensayo completo y sereno hará maravillas en reducir su ansiedad acerca de la ceremonia. Lleve su lista de verificación de responsabilidades de la boda y anote cualquier cosa que se haya olvidado o dejado pasar. Practique hasta que todos estén seguros de sus funciones. Maneje su tiempo sabiamente; programe el tiempo de ensayo por la tarde, así habrá tiempo de disfrutar la cena y terminar la noche lo suficientemente temprano para que todos descansen suficiente para el día que sigue.

La cena de ensayo es un tiempo íntimo y relajado con aquellos más cercanos a usted—su familia y el cortejo. Se realiza después del ensayo, y es ofrecida tradicionalmente por la familia del novio o por los padrinos-patrocinadores de la fiesta de la boda y sus acompañantes o cónyuges. Ya sea que la cena sea formal, una comida completa, o una cena ordinaria en algún hogar, tome este momento para gozar de la compañía de su comitiva de boda, para revisar notas para la boda, y para celebrar la unión de dos familias y dos personas enamoradas. Compre un libro especial de recuerdos y pida a todos en la cena de ensayo que escriban sus pensamientos y mejores deseos en él. Esta cena ofrece también una oportunidad más para que la novia y el novio presenten una muestra de apreciación al cortejo, a los padres, y a los padrinos-patrocinadores, si es que los regalos de agradecimiento no han sido todavía otorgados.

## El calendario de planificación de la boda

Antes de fijar la fecha de la boda, considere el lugar y las fechas para la luna de miel, vacaciones del trabajo, condiciones de temporadas y clima, ciclo menstrual, compromisos previos de la familia en ambos lados, días festivos, la disponibilidad del sitio de la recepción, y el calendario del oficiante.

Los cristianos latinos, ya sean católicos o protestantes, deben de consultar con el sacerdote o ministro para fijar una fecha para la boda. Puede que no se celebren bodas católicas durante la Cuaresma, Semana Santa, Resurrección, y ciertos días santos, tales como la Pascua y la Navidad, aunque ceremonias muy simples pueden ser permitidas durante esos días para acomodar circunstancias excepcionales.

Los católicos deben tener una ceremonia en la iglesia para que el matrimonio sea reconocido como válido. Una boda formal con una misa nupcial que incluya la comunión se lleva a cabo un poco antes de, o al, mediodía. Una boda semiformal se lleva a cabo generalmente por la mañana. Una boda informal, o una ceremonia sin la celebración de una misa, se realiza por la tarde antes de la misa nocturna regular.

Los protestantes tienen menos restricciones sobre la fijación de la fecha, el lugar, y el tiempo para una ceremonia de boda, pero algunos días santos y días que están en conflicto con servicios o actividades programadas de la iglesia pueden no estar disponibles. El ministro o el secretario de la iglesia será capaz de contestar sus preguntas sobre las fechas y horas disponibles.

Los judíos (usualmente de herencia Sefardita) deben consultar a un rabino antes de fijar la fecha de la boda. Las prácticas nupciales varían entre los judíos ortodoxos, conservadores, y reformados. La ley ortodoxa judía permite la celebración de una ceremonia de boda durante cualquier día menos el sábado—el cual abarca desde el atardecer del viernes hasta el atardecer del sábado—lo días santos, y las fiestas como Rosh Hashanah, Yom Kippur, Cuaresma, Shavuot, and Sukkot; pero algunas excepciones se pueden hacer para Hanukkah y Purim. Aunque las bodas judías se celebran a menudo en las sinagogas, una carpa (*chuppah*) puede ser levantada en cualquier sitio que proporcione un sentimiento de santidad para la pareja.

Los Musulmanes (usualmente de la herencia mora) deben acatarse al calendario islámico para las celebraciones nupciales. Aunque los contratos civiles y religiosos se firman generalmente en una oficina civil, tal como la sala del juez, los rituales de boda de los musulmanes se llevan a cabo en una mezquita, y la fecha de la boda es fijada después de consultar al imán, o sacerdote.

Si usted y su pareja son de diferente fe o denominación, consulte con el oficiante que conducirá la ceremonia acerca de fechas y horas apropiadas. Puede que existan restricciones o requisitos especiales.

Si usted decidiera intercambiar los votos en el palacio de justicia ante la presencia de un juez de paz, esté consciente de que los edificios federales y estatales se encuentran cerrados durante días festivos. También, el tiempo de la ceremonia está limitado a las horas normales de negocios durante los días laborales. Por supuesto, usted puede contratar a un juez que escuche sus votos en donde y cuandoquiera que usted seleccione tener su boda.

Una vez que la fecha se fije y sea confirmada, empiece con la planificación y organización de los numerosos detalles.

## EL COORDINADOR
## DE LA BODA

Quizás el antecesor al coordinador de la boda era el cupido (*el casamentero/la casamentera*). Los mayas a menudo consultaban a *ah atanzahob* para establecer la fecha de la boda según los signos astrológicos de la pareja, para hacer los preparativos para la ceremonia y la recepción y para negociar la cantidad del dote.

### Con un año a seis meses de anticipación

Anuncie su compromiso a su familia. Escriba notas personales o llame a los familiares distantes.

Fije y confirme la fecha de la boda y la hora para la ceremonia y el ensayo.

Pida a los periódicos locales instrucciones de cómo anunciar tanto su compromiso como la boda.

Decida en los sitios para la ceremonia y la recepción, y haga la reservación nueve meses por adelantado.

Seleccione los anillos de boda.

Imagine su boda y decida en el grado de formalidad y estilo. Seleccione las tradiciones y costumbres latinas que usted incorporará, y ordene los artículos necesarios de catálogos de especialidad.

Seleccione el color y tema dominantes para la boda. Decida qué decoraciones y flores harán juego con el tema de la boda.

Haga un presupuesto práctico y discuta cómo serán compartidos los gastos de boda.

Visite y entreviste a vendedores prospectivos, entre ellos el proveedor de alimentos, panadero, florista, fotógrafo, y músicos. Pida una copia de un contrato de servicio de boda típico de la compañía. Pida información sobre los diferentes servicios o paquetes de boda y precios disponibles.

Seleccione a los miembros de su cortejo.

Seleccione a sus patrocinadores (padrinos) de boda.

**Con seis meses de anticipación**

Considere contratar a un coordinador profesional de bodas que esté familiarizado con tradiciones y costumbres latinas.

Negocíe los contratos con el florista, el proveedor de banquetes, el panadero, los músicos, el fotógrafo, el videógrafo, y otros vendedores.

Empiece a buscar la vestimenta de boda para la novia y el novio, el cortejo, y los padrinos-patrocinadores. Permita seis meses para ordenar y entallar, o para la reservación de la vestimenta de alquiler.

Compile una lista tentativa de invitados.

Establezca registros de obsequio en las tiendas.

Haga decisiones sobre la luna de miel. Haga reservaciones seis meses por adelantado. Solicite pasaportes y visas, y obtenga vacunas para viajes al extranjero.

Reserve alojamiento para la noche de bodas si la luna de miel no se iniciará inmediatamente.

Si no va a reservar músicos en vivo para la recepción, obtenga los servicios de un animador de discos.

Haga arreglos para alquilar una limusina.

### Con cuatro meses de anticipación

Prepare la lista final de invitados.

Ordene toda la papelería de la boda, incluso invitaciones, anuncios, programas, servilletas, y los obsequios impresos.

Asista a las pláticas de consejos prenupciales.

Obtenga un examen físico. Cumpla cualquier requisito de pruebas de sangre o de otros exámenes de salud legalmente requeridos.

Seleccione lecturas para la ceremonia.

Prepare un horario de ensayo.

Fije el menú para la recepción con el proveedor de banquetes.

Manténgase en contacto con el proveedor de banquetes, el panadero, los músicos, el fotógrafo, y el florista. Verifique el progreso.

Ordene su pastel de bodas.

Haga las selecciones musicales finales con los solistas y otros músicos para la ceremonia y la recepción.

Mándese a tomar una fotografía de compromiso.

Trabaje con el fotógrafo para desarrollar una lista de fotografías de la boda y la recepción.

Coloque la orden final con el florista.

Pague los depósitos a vendedores de acuerdo con los términos del contrato.

**Con dos meses de anticipación**

Dirija y mande las invitaciones. Contrate a un calígrafo si lo desea.

Haga arreglos para el transporte y alojamiento para los invitados forasteros.

Seleccione y reserve el esmoquin del novio, del padrino de boda, y de los ujieres.

Compre accesorios para los miembros del cortejo, incluso joyería, zapatos, guantes, y bolsas.

Asigne responsabilidades y papeles a los miembros del cortejo. Pida ayuda para interpretación en español/inglés y con logísticas tales como estacionamiento y tráfico, decoraciones, transporte para los invitados forasteros, la entrega y transporte de artículos de boda al sitio de la boda, limpieza, y la entrega de obsequios al hogar de los recién casados después de la recepción.

Prepare un horario para las actividades de la recepción.

Pida que alguien sirva como animador en su recepción, que alguien se encargue del libro de invitados y la mesa de regalos, y que alguien distribuya la programación de la boda.

Abra cuentas bancarias nuevas.

Realice un acuerdo prenupcial si usted piensa que es importante.

Confirme todos los arreglos con los vendedores.

Haga citas para el arreglo personal con el estilista de peinado, con el especialista de maquillaje, y con el manicuro.

### Con un mes de anticipación

Decida si la práctica de Anglo-Americano o la práctica de latino será seguida, si la novia asumirá el apellido de la familia de su novio (véase "Cambios de nombre" en el capítulo 2). Después de la boda, registre los cambios de nombre con el Departamento del Vehículos de Motor, con la oficina de Seguridad Social, y con su empleador. Traiga una copia de su licencia de la unión para la prueba.

Complete las formas apropiadas para la fecha límite para los anuncios de boda en el periódico.

Actualice sus registros de regalos. Escriba notas de agradecimiento a medida que recibe los regalos.

Cerciórese de que todo esté en orden para la mudanza a su nueva residencia.

Compre obsequios para su futuro esposo, los miembros del cortejo, y sus padrinos-patrocinadores.

Haga un plan de asientos para la recepción.

Solicite su licencia de matrimonio.

Dé al proveedor de banquetes el conteo final de invitados.

## Con dos semanas de anticipación

Dirija los anuncios de boda y téngalos listos para enviarlos por correo el día de la boda.

Confirme los alojamientos de la noche de bodas y recoja los boletos para el viaje de luna de miel.

Programe las pruebas finales y recoja toda la vestimenta de la boda y accesorios.

## Con una semana de anticipación

Empaque para el viaje de la boda.

Traslade las pertenencias a su nuevo hogar.

Verifique con las tiendas en las que usted se ha registrado y recoja los obsequios.

Comunique con todos los vendedores y confirme los detalles de última hora.

Siga escribiendo notas de agradecimiento por los regalos recibidos.

Asista a las fiestas prenupciales.

Reciba a sus invitados forasteros.

Extienda los cheques a favor del oficiante de la ceremonia, los músicos, y otros que deben de recibir pago el día de la boda. Colóquelos en sobres marcados.

## El día de la boda

Programe suficiente tiempo para vestirse y llegar al sitio de la ceremonia.

Pida a su coordinador de la boda o a un amigo que se cerciore de que todos los miembros de la boda tengan todos los artículos necesarios para sus papeles en la ceremonia, que todas las flores y las decoraciones se encuentren en su lugar, que el pastel haya sido entregado, y que los músicos estén situados.

Pida que el padrino de boda se encargue de que todos los vendedores reciban su pago y propinas.

Envíe por correo los anuncios de la boda a aquellos que no pudieron asistir o que no fueron invitados a la boda.

Empaque un juego de emergencias por si acaso; incluya una aguja e hilo, lima para uñas, medias extras, aspirina, y pañuelos desechables.

Coma un bocado ligero dos horas antes de la ceremonia. Usted necesitará la energía.

¡Esté consciente del tiempo y manténgase dentro del horario, aunque el tiempo latino sea generalmente tarde!

## Capítulo 2

# Preparaciones de antemano

Una vez que la fecha de la boda se fija, el próximo punto de preparación es decidir en un estilo para la boda. El grado de formalidad de su boda estilo latina depende de sus preferencias y presupuesto. Su boda puede ser realizada en tipo realeza o casual, una ceremonia grande o íntima, religiosa o secular, clásica o contemporánea. Cualquiera que sea el grado de formalidad que usted seleccione, una boda organizada presenta un estilo consistente que es evidente en su selección de colores y tema, el tamaño de la lista de invitados y el lugar de la boda, las invitaciones, la vestimenta, las decoraciones, la ceremonia, y el sitio de la recepción. Asegúrese de explicar en el programa el simbolismo de las tradiciones latinas, ya que a los huéspedes que no son latinos les encantará y les informará, y los huéspedes latinos estarán orgullosos de que usted celebre su herencia.

Aunque es tradicional que la madre de la novia actúe como la anfitriona principal para la boda de su hija, en la actualidad muchas parejas hacen la mayoría de sus propias decisiones nupciales. Esto puede ser un fuerte inicio en su vida juntos; consejeros y terapeutas han encontrado que una comunicación abierta al inicio de la relación ayuda a desarrollar un matrimonio estable. La familia continúa siendo un importante grupo de apoyo en la cultura latina, sin embargo; aun si la pareja limita la influencia de otros en sus planes de la boda, ellos continúan honrando a la familia compartiendo sus planes a medida que se desarrollan.

 ## Establecer un presupuesto

Las bodas son eventos caros. Grandes gastos generalmente se realizan. En la cultura angloamericana, la familia de la novia paga por la mayor parte de la boda. En la cultura latina, las familias inmediatas y extendidas e incluso los amigos de la novia y el novio contribuyen con su tiempo, talento, y bienes para ayudar a la pareja a sufragar algunos de los gastos, haciendo de la boda de esta manera, una celebración comunitaria.

Con frecuencia, varios pares de padrinos son seleccionados para proporcionar las invitaciones, el pastel de bodas, decoraciones, u otros artículos indispensables para la boda; o ellos dan dinero a la pareja para estos artículos. En ocasiones los padrinos pagan más de lo que ellos pueden proporcionar para evitar parecer que no son muy generosos. Debido a la generosidad de sus obsequios y del importantísimo papel que ellos juegan, los patrocinadores son reconocidos en inscribir sus nombres en adiciones especiales en las invitaciones de boda.

Aun si usted es afortunado de tener familiares que le apoyen, no se aproveche de su generosidad. Demuéstreles su madurez financiera y responsabilidad creando y adhiriéndose a un presupuesto realista. Mantenga un registro de los gastos de su boda en una hoja de presupuesto como la que es proporcionada.

# *Hoja de presupuesto*

| Artículo o servicio | Cantidad programada | Costo real | Persona responsable |
|---|---|---|---|
| **Compromiso** | | | |
| Anillo | | | |
| Anuncios | | | |
| Fiesta | | | |
| Otros | | | |
| **Ceremonia** | | | |
| Costo del sitio | | | |
| Honorarios de oficiante | | | |
| Honorarios del asistente | | | |
| Licencia de matrimonio | | | |
| Certificado decorativo | | | |
| Músicos y cantantes | | | |
| **Anillos** | | | |
| Anillo de boda del novio | | | |
| Anillo de boda de la novia | | | |
| **Papelería** | | | |
| Invitaciones | | | |
| Anuncios | | | |
| Tarjetas de respuesta | | | |
| Adiciones especiales | | | |
| Tarjetas de agradecimiento | | | |
| Giros postales | | | |
| Programas de la ceremonia | | | |
| Programas de la recepción | | | |
| Otros | | | |
| **Vestimenta de la novia** | | | |
| Vestido de novia | | | |
| Corona/Velo | | | |

# Hoja de presupuesto

| Artículo o servicio | Cantidad programada | Costo real | Persona responsable |
|---|---|---|---|
| Zapatos | | | |
| Ropa interior/Medias | | | |
| Liguero (Para guardar/Para tirar) | | | |
| Joyería | | | |
| Vestido para retirarse | | | |
| Otros accesorios | | | |
| **Vestimenta del novio** | | | |
| Alquiler/Compra del esmoquin | | | |
| Vestido para retirarse | | | |
| **Vestimenta del cortejo** | | | |
| Vestidos de las madrinas | | | |
| Zapatos de las madrinas | | | |
| Accesorios de las madrinas | | | |
| Vestidos de la paje | | | |
| Zapatos de la paje | | | |
| Accesorios de la paje | | | |
| Vestimenta de los padrinos | | | |
| Accesorios de los padrinos | | | |
| Vestimenta del portador de anillos | | | |
| Accesorios del portador del anillos | | | |
| **Vestimenta de los padres** | | | |
| Vestido de la madre de la novia | | | |
| Zapatos y accesorios | | | |
| Vestido de la madre del novio | | | |
| Zapatos y accesorios | | | |
| Traje del padre de la novia | | | |
| Accesorios | | | |
| Traje del padre del novio | | | |
| Accesorio | | | |

| Artículo o servicio | Cantidad programada | Costo real | Persona responsable |
| --- | --- | --- | --- |

**Vestimenta de los padrinos-patrocinadores**

| | | | |
| --- | --- | --- | --- |
| Vestidos de las madrinas | | | |
| Zapatos y accesorios | | | |
| Trajes de los padrinos | | | |
| Accesorios | | | |

**Artículos especiales**

| | | | |
| --- | --- | --- | --- |
| Velas | | | |
| Velo/Mantilla | | | |
| Lazo/Rosario | | | |
| Arras/Cofre/Bolsa | | | |
| Cojín | | | |
| Biblia/Libro de oraciones | | | |
| Muñeca nupcial | | | |
| Otros | | | |

**Flores**

| | | | |
| --- | --- | --- | --- |
| Ramo nupcial | | | |
| Ramo para tirar | | | |
| Ramo para la Virgen María | | | |
| Ramos de las madrinas | | | |
| Canasta/Ramo para la paje | | | |
| Rosas de la madre | | | |
| Flor para la solapa | | | |
| Decoraciones de la iglesia | | | |
| Decoraciones de la recepción | | | |
| Otros arreglos florales | | | |

**Fotografía/Película**

| | | | |
| --- | --- | --- | --- |
| Álbum de boda | | | |
| Álbumes para los padres | | | |

## Hoja de presupuesto

| Artículo o servicio | Cantidad programada | Costo real | Persona responsable |
|---|---|---|---|
| Impresiones extras | | | |
| Fotos de pared | | | |
| Copia original del vídeo | | | |
| Vídeos extras | | | |
| Otros | | | |
| **Música** | | | |
| Organista de la ceremonia | | | |
| Solista de la ceremonia | | | |
| Animador de discos para la recepción | | | |
| Banda para la recepción | | | |
| Mariachi/Otro entretenimiento | | | |
| **Transporte** | | | |
| Carro/Limusina | | | |
| Decoraciones | | | |
| Carro para los invitados forasteros | | | |
| Estacionamiento | | | |
| Otros | | | |
| **Alojamientos** | | | |
| Invitados forasteros | | | |
| Estancia de la Noche de Bodas | | | |
| **Recepción** | | | |
| Alquiler del sitio | | | |
| Proveedor de banquete | | | |
| Bebidas/Licor | | | |
| Equipo | | | |
| Decoraciones/Arreglo | | | |
| Pastel de boda | | | |
| Propinas/Impuestos | | | |
| Otros | | | |

# Hoja de presupuesto

| Artículo o servicio | Cantidad programada | Costo real | Persona responsable |
|---|---|---|---|
| **Accesorios y decoraciones** | | | |
| Regalos | | | |
| Libro de huéspedes y pluma | | | |
| Cuchillo y servidor para el pastel | | | |
| Copas/Vasos para brindar | | | |
| Servilletas impresas | | | |
| Otros | | | |
| **Luna de miel** | | | |
| Transporte | | | |
| Alojamiento | | | |
| Comidas | | | |
| Documentos legales | | | |
| Preparaciones de salubridad | | | |
| Accesorios (artículos de baño, rollo de película, etc.) | | | |
| Concesión diaria | | | |
| Recuerdos | | | |
| Otros | | | |
| **Regalos** | | | |
| Novia (del novio) | | | |
| Novio (de la novia) | | | |
| Asistentes de la novia | | | |
| Asistentes del novio | | | |
| Paje | | | |
| Portador de anillos | | | |
| Padres de la novia | | | |
| Padres del novio | | | |
| Padrinos-patrocinadores | | | |
| Otras personas importantes | | | |

## Hoja de presupuesto

| Artículo o servicio | Cantidad programada | Costo real | Persona responsable |
|---|---|---|---|
| **Fiestas** | | | |
| "Shower" | | | |
| Despedida de soltera | | | |
| Despedida de soltero | | | |
| Cena de ensayo | | | |
| **Artículos misceláneos** | | | |
| Exámenes médicos/Prueba de sangre | | | |
| Citas al salón de belleza | | | |
| Póliza de seguro | | | |
| Otros | | | |
| **Servicios misceláneos** | | | |
| Coordinador de la boda | | | |
| Calígrafo | | | |
| Abogado | | | |
| Animador de la recepción | | | |
| Seguridad | | | |
| Intérprete de español/inglés | | | |
| Otros | | | |
| **TOTAL** | | | |

## Registro de regalos

La probabilidad de que los obsequios de su boda sean en forma de artículos de primera necesidad patrocinados es más grande en bodas latinas. Los invitados que no son patrocinadores querrán también dar regalos de boda. Su red de comunicación familiar es útil en transmitir información acerca de lo que a usted le gusta o lo que necesita. Se considera de mala educación anunciar su preferencia en las invitaciones debido a que se implica que se espera recibir regalos.

Otro sistema útil para cerciorarse de que recibirá regalos útiles es el registro de regalos de boda, un concepto práctico que permite a los invitados comprar aquellos artículos que usted y su futuro esposo han preseleccionado en sus tiendas favoritas. Usado en gran parte para los regalos de vajilla y cristalería, el registro de bodas ahora incluye una gran variedad de artículos de

> ### ¿SIN CUCHILLOS?
>
> Algunas personas de herencia judía creen que es un mal agüero el recibir como regalo un cuchillo como regalo de boda, así que optan por comprar el cuchillo para el pastel ellos mismos.

primera necesidad. Hasta algunos agentes de viajes han establecido un registro por medio del cual los invitados pueden contribuir fondos para los costos de la luna de miel de los recién casados.

## Salud

Usted quiere verse saludable y radiante en el día de su boda, así que debe cuidarse durante este período de emociones fluctuantes. Si usted planea empezar un programa de ejercicio, consulte con un médico que diseñe un programa hecho a la medida de sus necesidades personales. No se sobrepase haciendo ejercicio, lo cual podría dañar su cuerpo. También, vigile sus hábitos alimenticios y el consumo de alcohol y de cafeína. La moderación en el ejercicio y la dieta es esencial para mantener niveles equilibrados de energía.

Hable con su médico acerca de la planificación familiar y del control de la natalidad. Investigue si algún examen físico es requerido legalmente para que usted pueda casarse. Su estado puede requerir pruebas de sangre para el SIDA y varias enfermedades venéreas, para la anemia, rubéola, tuberculosis, y otras infecciones. Algunos estados requieren pruebas de competencia mental. Llame a la oficina apropiada de licencias de matrimonio para detalles específicos con respecto a requisitos médicos.

## Asuntos legales

Despojado de todo su fino y romántico significado, un matrimonio es sólo un contrato civil. Usted entra a un contrato legal así como también a un compromiso emocional y moral. Para hacer su matrimonio legal, usted necesita una licencia.

Las leyes del matrimonio difieren de un estado a otro, así que verifique con la oficina de licencias de matrimonio acerca de los requisitos de salud, la edad de consentimiento, el plazo de validez, la presentación de documentos, y los honorarios de la aplicación. La pareja comprometida debe solicitar la licencia de matrimonio en persona. Tal vez se le requiera traer su certificado de nacimiento como comprobante de edad, tarjetas de identificación, certificado de defunción del esposo anterior si es que es viuda, anulación o decreto de divorcio si estuvo casada antes, y los resultados de cualquier examen de sangre o exámenes de salud. Tal vez sea también necesario un comprobante de ciudadanía estadounidense. Llame primero a la oficina de licencia de matrimonios para ahorrarse tiempo y frustraciones.

Si usted planea casarse con alguien que es ciudadano de otro país, entérese de las leyes de inmigración. Según las estadísticas del Departamento de Servicio de Inmigración y Naturalización (INS), los americanos se están casando con extranjeros a razón de casi 200,000 por año, y más de 2.3 millones de parejas internacionales se han casado y establecido en los Estados Unidos en las últimas dos décadas. Una vez casados, el cónyuge inmigrante debe permanecer casado y debe de residir con un ciudadano de los EE.UU. por tres años antes de que el proceso de naturalización pueda iniciarse. Tenga cuidado de no violar las leyes de inmigración ya que usted y su cónyuge no americano pueden ser separados legalmente debido a una deportación. Comunique con el INS para más información acerca de estos asuntos y otras leyes internacionales de matrimonio.

Si usted planea casarse en el exterior de los Estados Unidos, póngase en contacto con el consulado o la embajada de ese país para informarse de los requisitos específicos de matrimonio. Algunos países latinoamericanos reconocen una ceremonia civil de la boda, pero para que el matrimonio sea bendecido, las parejas deben tener una ceremonia adicional de la boda en una iglesia.

##  Cambios de nombre

A diferencia de una novia angloamericana, que generalmente renuncia a su propio apellido y adopta el de su novio, la novia latina mantiene tradicionalmente su apellido de soltera y agrega el nombre de su novio. Los antropólogos culturales hacen notar que esta práctica ha ayudado a mantener y a honrar la herencia de la línea materna de la cultura latina. Los cambios del nombre varían entre las culturas latinoamericanas. Cuando los nombres de casada son combinados con los nombres de santos dados durante el bautismo y confirmación y otros apelativos extras, los nombres españoles pueden llegar a ser muy largos.

Algunas novias latinas formalmente llevan el nombre de soltera de sus madres. Por ejemplo, el nombre de mi padre es Domingo Viernes Bautista (Viernes es el nombre de soltera de su madre); cuando se casó con mi madre, Elisa de la Vega Ramos (de la Vega es el nombre de soltera de su madre), el nombre de ella cambió a Elisa Ramos Bautista. Su hijo (mi hermanito) se llama Dennis Juan (nombre de confirmación) Ramos (nombre de soltera de su madre) Bautista (apellido).

Aquí hay unos ejemplos más específicos usando Agápito Bautista y Raymunda Viernes (los nombres de mis abuelos paternos) y Fortunato Ramos y Felicidad de la Vega (los nombres de mis abuelos maternos).

 Con o sin la unión de un guión, usted puede agregar el apellido de su esposo al suyo y mantener su nombre de soltera como segundo nombre. Los nombres se escribirían *Raymunda Viernes Bautista* y *Felicidad de la Vega Ramos*, y se reconocerían legalmente como. *Raymunda V. Bautista* y *Felicidad D. Ramos*.

 Siguiendo los patrones de gramática española, usted puede agregar su nombre como un calificativo después de el de su esposo. Los nombres se escribirían *Raymunda Bautista Viernes* y *Felicidad Ramos de la Vega*, y se reconocerían legalmente como *Raymunda Bautista* y *Felicidad Ramos*.

 Usando la preposición "de" como un derivado de herencia, usted puede agregar el nombre de su esposo al suyo. Los nombres se escribirían *Raymunda Viernes de Bautista* y *Felicidad de la Vega de Ramos*, y se reconocerían legalmente como *Raymunda Bautista* y *Felicidad Ramos*.

 ## Preparación religiosa

Las estadísticas de divorcio reflejan la indiferencia de la sociedad hacia el vínculo matrimonial. Existe consejo religioso prenupcial para reafirmar que comprometerse a una persona para toda la vida debe ser tomado en serio.

Además, en algunos países latinoamericanos, el matrimonio civil debe ser solemnizado por la iglesia, especialmente para los cristianos (católicos y protestantes). Si ustedes planean una ceremonia religiosa para la boda, el consejo prenupcial es recomendado si es que no es requerido, y necesitan cumplir ciertas preparaciones religiosas antes de que su boda se lleve a cabo.

**Parejes de Católicos.** Es difícil que se case en la Iglesia católica sin una notificación previa de por lo menos tres meses. El tiempo entre su petición para casarse y la ceremonia en sí, no es un período de espera sino un período de preparación. Para los católicos, el matrimonio es un sacramento santo instituido por Dios. Debido a que dentro de la fe católica usted sólo pasa una vez por el matrimonio, es un deber de la Iglesia asegurarse de que ustedes estén bien preparados para realizar este compromiso permanente. A las parejas de católicos a menudo se les requiere asistir a programas tales como Encuentro de prometidos™ o Noches para los prometidos™, pero la preparación del matrimonio varía en forma y contenido dependiendo de qué es lo que se ofrezca en el área donde usted vive. Sus opciones pueden ir desde pasar un fin de semana en una casa de retiro hasta ser aconsejados por su pastor por unas pocas horas.

A los católicos se les requiere también completar un extenso trámite antes de que ellos pasen al altar. Este trámite asegura de que ambos partidos se encuentran libres para casarse y aclara la seriedad del compromiso. A lo mínimo, cuando usted visite a su sacerdote traiga consigo una copia de sus papeles de bautismo y confirmación. Se le puede requerir que complete papeleo adicional y extensivo si uno de ustedes no es católico, si alguno de ustedes estuvo previamente casado, o si usted desea tener su ceremonia fuera de la Iglesia católica. En el caso de un matrimonio previo, traiga la anulación, divorcio, o papeles decretando defunción. Se pueden otorgar excepciones para éstas y otras circunstancias, pero consulte con su sacerdote.

**Parejes de Protestantes.** Los protestantes consideran el matrimonio una institución sagrada pero no un sacramento santo. Dentro de las varias denominaciones de iglesias, la preparación religiosa y los períodos de espera para el matrimonio pueden variar. El oficiante de la ceremonia aclarará qué documentos son necesarios y qué pasos ustedes deben de tomar antes de que su boda pueda realizarse—ya sea sesiones informales de consejos prenupciales con el ministro o personas casadas, o la asistencia a programas de compromiso más estructurados de la iglesia.

**Judíos, musulmanes, y parejas de fe mixta.** Consulte a su rabino, imán, u oficiante acerca de preparaciones religiosas específicas. Aunque el consejo prenupcial puede que no se requiere de una manera específica, sin embargo, es benéfico. Sin importar los antecedentes religiosos, las parejas deben discutir estos importantes ritos de preparación. También discuta con el oficiante acerca de los servicios bilingües (inglés-español); honorarios; procedimientos de ensayo; cualquier restricción en la expresión de votos, códigos de vestir, selecciones de lecturas y música, y decoraciones; orden u horario de la ceremonia; posible cooficiante para un matrimonio de fe mixta; y su deseo de incorporar tradiciones y costumbres latinas.

La preparación religiosa le ayuda a usted y a su futuro esposo a aplicarse a asuntos que pudieran surgir en su matrimonio, alienta la comunicación, e impone sobre ustedes la importancia del compromiso: hasta que la muerte—no el divorcio—los separe.

## El cortejo de la boda

Esencialmente, ustedes son el rey y la reina el día de su boda, y merecen una comitiva que corteje la boda. También conocido como la comitiva nupcial, el cortejo no tiene que incluir catorce parejas como en la quinceañera, la fiesta de la adolescente latina que celebra su decimoquinto cumpleaños, pero un cortejo grande es común en las bodas latinas. Los miembros de un cortejo de bodas incluyen típicamente a los asistentes de la novia (dama o madrina de honor y las madrinas), los asistentes del novio (el padrino de la boda y los padrinos o ujieres), y los niños actuando como pajes (la niña de las flores y el portador de anillos). En las bodas latinas, el cortejo incluye también a los padrinos-patrocinadores.

El decidir quién estará en su cortejo no debe de ser tan difícil como el decidir a quién incluir en su lista de invitados de boda. Usted y su futuro esposo deben seleccionar a los asistentes de entre sus hermanos, parientes, y amigos más cercanos quienes han dado y continuarán dando su verdadera y amorosa amistad. No se sientan obligados a incluir a alguien debido a que usted estuvo en su cortejo, está relacionado con ellos, o les debe un favor; tampoco tiene que formar a las parejas equitativamente, aunque los latinos prefieren tal equilibrio para la mención de los nombres y la marcha.

Las responsabilidades comunes de los asistentes incluyen pagar por su propio traje (aunque éste pueda ser proporcionado por la novia y el novio); participar en cualquier planificación, encargo, o actividades de antes de la boda; organizar fiestas y celebraciones; y estar parados a su costado durante la ceremonia. Los asistentes de honor, la dama o madrina de honor y el padrino de boda, generalmente sostienen los anillos de la boda y firman como testigos en su licencia y acta de matrimonio, aunque se pueden confiar estas responsabilidades a otros. La asistente de honor de la novia atiende el velo, la cola, y el ramo de la novia; el asistente del novio da los honorarios a la gente apropiada y propone un brindis en la recepción. Los ujieres llevan a los invitados a sus asientos en la ceremonia. Haga saber a todos sus asistentes qué otras tareas relacionadas con la boda se espera que realicen para que estén enterados de cuándo es que usted necesita más de su ayuda.

Seleccione a los pajes de entre sus hermanos pequeños, sobrinos, primos, ahijados, o sus propios niños. Tan adorables como ellos pueden ser, cerciórese de que no sean tan pequeños que huyan de sus responsabilidades cuando estén a la vista del público. Los niños más grandes pueden servir como jóvenes asistentes si ellos se encuentran entre las edades de diez y dieciséis años. Las niñas de las flores y portadores de anillos se encuentran generalmente entre las edades de cuatro y ocho años. La chica de la flor lleva un ramo miniatura o una canasta de pétalos de flor que ella dispersa por el pasillo antes de que la novia camine para reunirse con su novio ante el altar; el portador de anillos tiene un cojín especial con los anillos de boda amarrados con seguridad. Es una buena idea usar anillos decorativos para borrar cualquier preocupación de que este pequeño niño vaya a emocionarse demasiado en su día especial ¡y perder los verdaderos! En las bodas de Puerto Rico, se les viste a los niños como una pareja de pequeños novios como parte del séquito.

Prepare a estos jóvenes miembros del cortejo. Hable con ellos acerca de sus importantes papeles, explique qué es lo que se espera, aliéntelos a comportarse debidamente, y suavemente persuádalos con halagos si ellos se encuentran renuentes a tomar parte en un acontecimiento tan grande.

Seleccione padrinos y patrocinadores de entre gente que ha jugado un papel importante en su vida o ha puesto buenos ejemplos con sus propios matrimonios. Los patrocinadores solteros, generalmente en pareja con una contraparte, pueden también ser seleccionados. Evite escoger patrocinadores por razones tales como presiones de familia o por su posición en la comunidad.

Debido a que en la cultura latina se considera un honor el ser seleccionado y un insulto el rechazar estas posiciones, la novia y el novio deben ser sensibles a la situación financiera de aquéllos que son seleccionados. Aquéllos quienes a usted le gustaría que sirvieran como patrocinadores puede que sinceramente quisieran ayudarlos pero que no cuenten con los medios suficientes, así que considere pedirles que lean Escrituras durante la ceremonia, se encarguen del libro de invitados y de los obsequios, o realicen otros deberes especiales para su boda.

Los deberes varían de acuerdo con el papel que ellos desempeñan en su boda, ya sea que ellos contribuyan dinero para las festividades o sean responsables de presentar artículos—como el velo, el lazo, u otros obsequios patrocinados—o realicen otros deberes especiales para su boda.

Los patrocinadores pueden pagar la misa o el servicio, los anillos, las arras, el lazo o rosario, las flores, la Biblia o libro de oración, la música, las invitaciones, la fotografía, copas para brindar, el pastel, y cualquier otro artículo de la boda.

Cuando ustedes seleccionen a su cortejo, recuerden que su boda latina es un evento familiar y tiene éxito cuando todos los implicados cooperan amablemente uno con el otro y gozan de cada uno de los momentos del evento.

## Capítulo 3

# Ropas para la boda

 Para la novia

Es seguro de que habrá un vestido que le asiente a la novia. Sólo hojee las gruesas revistas nupciales, y usted encontrará numerosos estilos y diseños de las modas nupciales.

Las novias españolas de años anteriores seleccionaban ropa sencilla de bodas. La mujer campesina llevaba puesto un vestido negro de seda para simbolizar su devoción a su novio hasta que la muerte los separara, con una mantilla (velo a semejanza de chal) y azahares (flores de naranja) en el cabello.

El color blanco llegó a ser la elección popular para los trajes nupciales mundialmente cuando la Reina Victoria de Inglaterra se

vistió de blanco para su boda real en 1840. Las novias españolas hicieron lo mismo; sus vestidos estilo flamenco, amplios, y repletos de encaje fueron modificados para servir como trajes nupciales. Este estilo tiene todavía una influencia en los vestidos tradicionales de quinceañera en la actualidad.

Usted puede escoger entre los diferentes tonos de blanco para su vestido de novia—blanco puro y brillante, natural u opaco, blanco "vela" o blanco "diamante", blanco crudo, o marfil—dependiendo de sus preferencias y si su tono de piel es blanca, aceitunada, bronceada, u oscura. Los vestidos de novia color pastel se encuentran también disponibles para una presentación menos tradicional.

Su vestido de novia debe reflejar el estilo general de su boda, resaltar su figura, complementar su personalidad, y estar dentro de su presupuesto. Cuando seleccione el vestido de novia, siga las pautas religiosas y de etiqueta social con respecto a la vestimenta de bodas. La novia quizás seleccione llevar un vestido heredado, comprar un vestido nuevo en una tienda de novias o un vestido usado en una tienda de artículos de segunda mano, o tener un vestido hecho por un sastre.

Las elecciones de tela incluyen raso, tafetán, seda, brocado, moaré, gasa, u organza, y los arreglos incluyen encaje, perlas, lentejuelas, imitación de diamantes, bordado, botones forrados, cintas, rebordes, moños, o flores. Decida qué cuello, mangas, entalle/cintura, dobladillo de falda, y el largo de la cola le gustan, estudiando sus fotos favoritas en las revistas o modelos de costura de un catálogo. Lleve con usted a su madrina o dama de honor y pruébese vestidos en varias tiendas para ver cuáles son los diseños que más le favorecen, luego reduzca sus elecciones. Considere un vestido con una cola o polisón desmontable para que usted pueda desplazarlo fácilmente después de la ceremonia. Recuerde incluir en el costo el precio de las modificaciones, limpieza y planchado, y conservación del vestido.

Con posibilidades ilimitadas—desde un vestido fresco y sencillo de algodón-gasa hasta un vestido de novia, estilo flamenco, amplio y con encajes—el vestido que usted seleccione debe de separarla de todas las otras mujeres que asistan a su boda latina.

La corona y el velo completarán su presencia nupcial y serán la corona de su gloria. Una vez más, varios estilos, tales como cintas, guirnaldas, bonetes, moños, sombreros, y rollos, se encuentran disponibles. Las novias vestidas en el estilo latino clásico llevan una mantilla que cubre completamente la cara como un símbolo de pureza. En ocasiones el velo se fija a una peineta, un peine grande y vertical que se coloca encima de un moño de pelo elegantemente peinado. Las novias latinas contemporáneas a menudo deciden llevar una diadema (corona). Estas coronas son hechas con joyas o cristales preciosos, de vidrio, o cuentas iridiscentes o de perlas, y los latinos muestran un gran orgullo en su realización y acabado. Las diademas pueden ser bastante costosas y pueden ser pasadas de una generación a otra. Según la tradición de cubrirse la cara con la mantilla, una cubierta o un velo para la cara es unida a la diadema como muestra de modestia. El levantar el velo de la cara de la novia es un gesto opcional pero romántico cuando el novio besa a la novia al final de la ceremonia.

No se olvide de sus joyas, pañuelo, medias, liguero, guantes, y otros accesorios. Si usted no lleva un vestido ajustado al cuerpo o estilo sirena, usted puede necesitar un refajo o crinolina para agregar volumen debajo de su vestido de novia. Marche por el pasillo en zapatos cómodos pero de moda. Usted no está limitada únicamente a zapatillas de tacón; usted puede escoger zapati-

Muchas novias hoy en día usan collares y aretes de perlas o los vestidos de novias también llevan perlas. Aunque hay algunas latinas quienes creen que les trae mala suerte usar perlas porque éstas son "las lágrimas de las ostras" o " las lágrimas de los dioses," estas joyas preciosas fueron en un tiempo recogidas de los golfos de México y de California por las tribus nativas y se usaron con orgullo como adornos o reliquias rituales, o fueron retornadas al Viejo Mundo de Europa. La Peregrina fue una de las perlas más famosas presentadas al Rey Felipe II de España.

Las plumas, las cuentas, las cintas de colores, o las vestimentas regionales tejidas fueron el atuendo típico para la boda entre la gente del pueblo. Las parejas aztecas también literalmente "amarraban el nudo" con los bordes de sus túnicas nupciales (*tilmantlis*). Algunos hombres usaban camisas bordadas a mano, una moda traída desde España hacia América Latina, la cual fue probablemente anterior a la *guayabera*.

llas de bailarina, botas, zapatos de lona, o sandalias. Para una sorpresa en la luna de miel, complete sus compras de novia comprando ropa interior sensual disponible en tiendas especializadas.

## Para el novio

Un novio latino apropiadamente ataviado siempre luce deslumbrante e notablemente guapo. Aunque las guayaberas formales modernas y algunas chaquetas estilo bolero (sacos cortos de cintura hechos populares por los toreros y artistas populares) son atractivas en bodas latinas tradicionales, los esmoquins y trajes son actualmente el traje de elección. Visite una tienda de vestimenta formal para hombres y hojee los catálogos para estilos, colores, y precios. Consulte con el especialista de esmoquin o representante de ventas acerca de qué ropa (formal o informal) es apropiada para cierta hora del día, accesorios (tales como corbata, zapatos, chaleco, tirantes, faja ancha, gemelos, y pañuelo), arreglos y ajustes, entrega, cargos por devolverlo tarde, limpieza, y descuentos. Su novia puede indicar sus preferencias acerca de su traje y "presentación" para la ceremonia. Esté preparado para escuchar su opinión.

## Para los asistentes

Un cortejo moderno y coordinado en color a su lado en el altar complementa la presentación de su boda. El vestir a los asistentes del novio no es tan difícil como el vestir a las de la novia. Los hombres en el cortejo pueden hacer juego simplemente con el estilo del novio, quien puede llevar un esmoquin o traje, corbata de moño, chaleco (generalmente blanco), o flor en la solapa de diferente color. Cuando alquile los trajes de los asistentes del novio, verifique las políticas de la tienda sobre honorarios, descuentos, alquiler de última hora, depósitos y cargos adicionales, accesorios, y arreglos.

Para el traje de las asistentes de la novia, tenga en cuenta las variadas preferencias personales, tipos de figura, la variación de presupuestos, y si el vestido se puede usar otra vez. En la tradicional boda latina, las madrinas visten de rojo, pero otros colores se pueden escoger para hacer juego con el tema de la boda.

Para asegurarse de que usted tendrá toda una fila de madrinas bonitas y satisfechas, hable con ellas acerca de los estilos de vestido y gama de precios. Examine con ellas revistas de boda y catálogos, y reduzcan sus elecciones. Visite un salón nupcial con unas cuantas de sus asistentes a la vez para probarse los vestidos favoritos antes de hacer una decisión final. Quizás a usted le gustaría que su asistente de honor se distinga del resto de sus madrinas llevando un diseño levemente diferente. No se olvide de los accesorios para el pelo, joyería, ropa interior especial, y zapatos para todas sus madrinas.

Si los vestidos se comprarán ya hechos, pregunte acerca de cómo ordenar y sobre las modificaciones y pagos. Si va a tener los vestidos hechos a la medida, se debe hacer la decisión por lo menos seis meses antes de la boda. Comience reuniendo recomendaciones para diseñadores por parte de sus amigos y familia. Entreviste a más de un diseñador y discuta el tema de la boda en detalle. Cerciórese de que usted entienda el nivel de servicio ofrecido, los cargos, y todos los elementos del plan, con inclusión de la fecha de entrega.

Para los pajes, muchos deciden seguir la tradición latinoamericana de vestir a los niños como versiones miniaturas de la novia y el novio. Por esta razón a menudo el portador de anillos es ataviado en un traje que hace juego con el del padrino, mientras la niña de las flores lleva un vestido semejante al de las madrinas. Para la vestimenta de boda de los niños busque en las tiendas de ropa formal, salones nupciales, tiendas de ropa especializadas en niños, o tiendas de sastre, tomando en cuenta el estilo de su boda, el presupuesto de sus padres, las edades de los niños, las políticas para ordenar y comprar, citas para medir y ajustar, y accesorios.

## Para los padres y padrinos-patrocinadores

Porque sus padres y padrinos-patrocinadores tienen importantes papeles de honor, es imperativo que ellos se vistan de acuerdo con sus responsabilidades en la boda. La madre de la novia selecciona generalmente su vestido para hacer juego con los colores del tema de la boda, o en ocasiones, para complementar el tono de los vestidos de las asistentes de la novia. La madre del novio toma la sugerencia de la madre de la novia cuando selecciona su vestido, así como lo hacen las madrinas y otras patrocinadoras femeninas. Los padres de la novia y del novio llevan esmoquins o trajes semejantes a los de los asistentes del novio. Los padrinos y otros patrocinadores masculinos visten apropiadamente, o ellos pueden llevar puesto ropas culturales, tales como guayaberas para ocasiones especiales.

## Según la etiqueta

La siguiente gráfica servirá como una guía para seleccionar la vestimenta apropiada para la boda. Estas son las recomendaciones de Weddings Beautiful Worldwide [Hermosas bodas por el mundo], una división del National Bridal Service [Servicio nupcial nacional], y son basadas en la etiqueta angloamericana.

# Vestimenta apropiada

## Según la etiqueta angloamericana

| MIEMBRO DE LA BODA | La novia |
|---|---|
| Formal durante el día | Vestido blanco, marfil, o de color pastel delicado, de largo hasta el piso con una cola de capilla o catedral (arrastrando el piso). Velo largo cubriendo la cola o extendiéndose a lo largo de la cola. Otra opción es un vestido de baile de gala con falda circular y cola opcional arrastrando hasta el piso. Ramo o libro de oraciones; zapatos que hagan juego con el vestido; guantes largos con los vestidos de manga corta (de otra manera, los guantes son opcionales). |
| Formal por la noche | Las seis de la tarde es la hora que separa una boda formal nocturna a una boda formal de día. El vestido de novia es el mismo que el que se usa durante el día; las telas y acabados pueden ser más elaborados. |
| Semiformal durante el día | Vestido blanco o color pastel, de largo hasta el piso o vestido de bailarina. El largo del velo es hasta el codo o más corto. Los accesorios son los mismos que los de una boda formal. |
| Semiformal nocturno | Lo mismo que durante el día. Las telas o acabados pueden ser más elaborados. |
| Informal durante el día y la noche | Vestido blanco o color pastel, de largo hasta el piso o de bailarina o de cóctel. Velo corto o sombrero tipo para bodas. Ramo pequeño, ramillete, o libro de ora- |

ciones. Guantes opcionales. Zapatos modernos.

| MIEMBRO DE LA BODA | El novio, padrino de la boda, portador de anillos, los padres, padrinos, patrocinadores |
|---|---|
| Formal durante el día | *Tradicional:* Saco recortado (gris Oxford o negro) con pantalones de rayas, saco gris a la cintura, camisa blanca de cuello de ala, y una corbata a la inglesa de rayas.<br><br>*Contemporáneo:* Chaqueta contorneada larga o corta de color negro o gris, pantalones de rayas, camisa blanca de cuello de ala; chaleco gris (opcional). Otra opción es la chaqueta en la elección de colores, pantalones que hagan juego, y camisa que coordine. |
| Formal nocturno | *Tradicional:* Esmoquin negro o una chaqueta de cena, pantalones negros de rayas, chaleco o faja ancha coordinada, y corbata de moño.<br><br>*Contemporáneo:* Chaqueta contorneada larga o corta, pantalones que hagan juego, camisa de cuello de ala, chaleco o faja ancha, corbata de moño.<br><br>*Ultraformal:* Saco negro de cola, corbata y accesorios blancos. |
| Semiformal durante el día | *Tradicional:* Saco gris o negro, pantalones de rayas, chaleco gris, camisa blanca, y corbata de rayas gris y blanco.<br><br>*Contemporáneo:* Traje formal en la elección del color y estilo, pantalones que hagan juego o que contrasten, camisa blanca o de color. Corbata de moño, y chaleco o faja ancha. |

| | |
|---|---|
| Semiformal nocturno | *Tradicional:* Chaqueta de cena, pantalones negros, chaleco o faja ancha, camisa blanca de vestir, corbata de moño. Si hace calor, chaqueta blanca o color marfil.<br><br>*Contemporáneo:* Traje formal (colores más oscuros para el otoño y el invierno, colores más claros para la primavera y el verano); pantalones que hagan juego o que contrasten. Corbata de moño que haga juego con el chaleco o la faja ancha. |
| Informal durante el día y la noche | Traje de negocios negro, gris oscuro, o y azul marino. En el verano, chaqueta de noche blanca o natural, pantalones tropicales oscuros de tela de lana peinada; otras opciones son saco deportivo azul marino y pantalones blancos de franela, o traje blanco. |

| MIEMBRO DE LA BODA | Madrinas, niña de las flores |
|---|---|
| Formal durante el día | Vestido de bailarina o de cóctel de largo hasta el piso, bonete, sombrero, guirnalda, o peineta decorativa, con o sin velo corto; guantes para complementar la longitud de las mangas; zapatos para hacer juego o coordinar con los vestidos. El vestido de la madrina de honor puede hacer juego o contrastar con los vestidos de las otras asistentes. |
| Formal nocturno | Vestidos de bailarina o de cóctel; los mismos accesorios que los usados durante el día. Las telas pueden ser más elaboradas. |
| Semiformal durante el día | Lo mismo que el usado para una boda formal, aunque el estilo y la tela deben ser simplificados. |

| | |
|---|---|
| Semiformal nocturno | Vestido de bailarina o de cóctel; los mismos accesorios que los usados durante el día. Las telas pueden ser más elaboradas. |
| Informal durante el día y la noche | Vestidos del mismo largo que el de la novia; sin embargo, si la novia lleva un estilo de noche y de largo hasta el piso, es permitido que las asistentes lleven puesto vestidos cortos. Los accesorios deben ser sencillos y adecuados al conjunto. |

| MIEMBRO DE LA BODA | Las madres, madrinas, patrocinadoras |
|---|---|
| Formal durante el día | Vestidos de salir; sombreros pequeños (opcional), zapatos, guantes, y ramilletes que coordinen. Los conjuntos de las madres deben complementarse el uno al otro con respecto al estilo, color, y largo. |
| Formal nocturno | Vestido largo hasta el piso o hasta el tobillo, pequeña cubierta para la cabeza; accesorios elegantes, como pieles y joyería. |
| Semiformal durante el día | Lo mismo que para una boda formal. |
| Semiformal nocturno | Lo mismo que para una boda formal. |
| Informal durante el día y la noche | Vestido largo para salir o un traje. |

# Cosas necesarias para la boda

¡Detalles, detalles, detalles! Considere el tender al esencial siguiente de la boda al planear para su acontecimiento especial: la lista de invitados, las invitaciones, las flores, la música, la fotografía, y los arreglos del transporte.

## La lista de invitados

Porque la boda no sólo los une a usted y a su futuro cónyuge sino también a ambas familias (inmediatas y extendidas) e incluso a sus amigos, usted probablemente terminará con más nombres en su lista de lo que usted alguna vez anticipó. El compilar una lista de invitados es esencial para administrar estos números.

Consulte con su futuro cónyuge y con ambas familias y haga dos listas de invitados: una lista de prioridad y una lista alterna. La lista de prioridad probablemente incluye a miembros de sus familias inmediatas y extendidas, padrinos, personas en su cortejo (es de cortesía pero no obligatorio extender una invitación a sus familias), mejores amigos, y compañeros de trabajo o socios de negocios. Cuente familias en lugar de individuos cuando esté determinando el conteo final para sus invitaciones de boda. Aquellos invitados que no estén en la lista de prioridad son colocados en la lista alterna o la lista de anuncios; ellos pueden ser invitados si alguien en la lista de prioridad no puede asistir, o ellos pueden recibir un anuncio de la boda.

Usted tampoco está obligado a invitar a acompañantes de los invitados solteros, tampoco se espera tener niños presentes en su boda. La asistencia es por invitación únicamente. Por lo tanto, cuando dirija las invitaciones, haga una lista de todos los nombres de las personas que usted quiere que asistan. Por ejemplo, si usted quiere invitar a parejas únicamente, entonces escriba formalmente en el sobre exterior "Sr. y Sra. Carlos Montoya Ramírez", y escriba en el interior "Sr. y Sra. Ramírez" o "Tío Carlos y Tía Rita". Si usted invita a la familia entera, entonces escriba formalmente en el sobre exterior "Sr. y Sra. Carlos Montoya Ramírez", y escriba en el interior "Sr. y Sra. Ramírez, María, Juan, y Carlitos". Se considera de etiqueta inapropiada agregar "y Familia" en el sobre exterior, pero es aceptable hacerlo en el interior cuando usted no conoce todos los nombres de los niños. Consulte libros de etiqueta para instrucciones específicas de cómo dirigir invitaciones formales de boda.

Incluya tarjetas de respuesta con sellos postales en las invitaciones para que usted se entere de quién planea asistir. Aunque usted haya tomado todas las precauciones necesarias para administrar su lista de invitados, prepárese para recibir personas que se presenten sin invitación. Puede ser una situación incómoda en ese momento, pero honre la tradición latina de hospitalidad: sonría y acepte a las personas sin invitación, especialmente si ellos forman parte de su familia extendida. Recuerde agregar unos asientos extras, por si acaso, cuando usted proporcione el conteo final para su recepción al proveedor de banquetes.

El refinar la lista de invitados y decidir quién estará o no estará en ella puede ser traumático. Empiece a trabajar en la lista de invitados en cuanto la fecha de la boda sea fijada. Mantenga la comunicación abierta y ambos padres de familia informados a medida que la lista tome forma. Sea sensible a las sugerencias y deseos de los miembros de la familia, pero al final la pareja que se casa decide quién asiste. La situación con la lista de invitados puede llegar a ser tan complicada—y el riesgo de herir sentimientos tan alto—que tal vez pase por su mente el escaparse con su novio. No lo haga. Aunque es verdad que usted necesita sólo dos testigos para firmar el certificado de matrimonio, el tener una boda confirma su nuevo estado como marido y mujer dentro de la comunidad.

 Invitaciones y anuncios

Fije el tono de su boda enviando invitaciones tradicionales estilo latino. Debido a que los padres de la novia y del novio son anfitriones de la boda, los nombres de ambas parejas de padres aparecen en la invitación. Los padres de la novia son nombrados en la parte superior izquierda de la tarjeta y los del novio en la parte superior derecha de la tarjeta. Las frases continúan hacia abajo y se unen en el centro donde información común, tal como fecha, hora, y lugar, se da; esto se conoce como el formato "Y", o tipo escalonado. Usted puede imprimir su mensaje en español con traducciones en inglés, o viceversa. En el ejemplo reproducido en la pagina siguiente, se usan sombras para acentuar el formato distintivo "Y".

Fortunato Ramos
y
Felicidad de la Vega Ramos
lo invita a la misa nupcial
en la cual su hija
María Elisa
se unirá a través del Sacramento Santo del matrimonio a
Domingo Juan

Agápito Bautista
y
Raymunda Viernes Bautista
lo invita a la misa nupcial
en la cual su hijo
Domingo Juan
a
María Elisa

El sábado nueve de octubre
en el año de nuestro Señor Cristo Jesús
dos mil cinco
a las doce del mediodía
Catedral San Fernando
San Antonio, Texas

**Invitación de la boda en formato "Y"**

Muchas invitaciones latinas de boda enviadas hoy en día se asemejan a las invitaciones angloamericanas. El formato "Y" es reemplazado por el estilo vertical uniforme, pero se anotan ambos grupos de padres como anfitriones de la boda. Considere enviar copias idénticas de las invitaciones en español y en inglés.

César Castillo Osorio
Lois Fuden de Castillo
y
Hiram Amundaray Zeno
Lydia Rivera de Amundaray
tienen el honor de invitarle
al matrimonio de sus hijos
María Virginia
y
Francisco Antonio
el viernes 18 de julio de 2005
a las siete y treinta de la noche
en la Iglesia San Ramón Nonato
Maracaibo, Venezuela

RSVP
Teléfono 555-1234

Las frases en la invitación variarán en ciertas situaciones—si la familia de la novia publica la invitación de la forma común angloamericana, si la novia y novio son anfitriones de su propia boda, si los nombres de divorcios u otros matrimonios aparecerán en las invitaciones, o si una boda doble se llevará a cabo. Con frecuencia un catálogo de muestras de la impresora proporcionará algunas pautas

**Invitación de la boda en arreglo vertical uniforme**

Ricardo y Mariana López
participan a Ud. el Enlace Matrimonial
de su hija
Anita
con el
Sr. Patricio Aguilar

Andrés y Victoria Aguilar
participan a Ud. el Enlace Matrimonial
de su hijo
Patricio
con la
Srta. Anita López

Madrinas y Padrinos
Velación: Juanita Cruz y Oscar Ramos
Lazo: Rosana Gutiérrez y Miguel Angeles
Arras: Marina Concepción y Pedro Valdez
Ramo: Susana Bautista y Carlito Moreno

Damas
Angelina Aguilar
Cristina Gutiérrez
Marina Jalomo
Rosarita Pérez
Dolores Zaragosa

Chambelanes
Raúl Baltazar
Manuel Castelán
Diego García
Juan Valdez
Roberto Víctor

Pajes: Mía Baybayan y Roy Navarro

y tienen el placer de invitar a Ud. y su apreciable familia a la
Ceremonia Religiosa que tendrá lugar el sábado, 20 de agosto de 2005
a las 2:00 de la tarde en la Iglesia de Nuestra Señora de Guadalupe
98 Northeast Street, Pasadena, California

**Invitación de la boda en formato "Y" modificado con lista de la comitiva nupcial**

para las frases apropiadas. Para ayuda adicional, busque el consejo de un especialista de bodas, el representante de ventas que le ayude con los pedidos de invitaciones, o un libro de etiqueta estándar.

Una invitación de boda latina contiene los nombres de los miembros del cortejo y padrinos. En vez de incluir todos sus nombres en la invitación, usted puede usar una adición especial separada. Con frecuencia impresa en papel seda, esta adición les da el reconocimiento a los que le ofrecen apoyo emocional y financiero en este rito de pasaje de su vida. La muestra de la adición mostrada aquí puede adaptarse vertical u horizontalmente.

Otras adiciones posibles, que pueden añadir a los costos de correo de sus invitaciones, incluyen los anuncios de la recepción,

|                 | Padrinos                          |                                          |
|-----------------|-----------------------------------|------------------------------------------|
| Velo            | Sr. Pepito Castillo y Sra.        | Sr. Daniel L. Acosta y Sra.              |
| Corona y Buqué  | Sr. Pablo Parayno y Sra.          | y                                        |
| Brazalete       | Sr. Ferdinan Carlos y Sra.        | Dr. Florencio B. Madarcos y Sra.         |
| Anillo          | Sr. Manuel Nicolás y Sra.         | Participan en el enlace matrimonial      |
| Pastel          | Srta. María Concepción Guinto Cruz | de sus hijos                            |
| Invitaciones    | Sr. Roberto Negrón y Sra.         | Magdalena                                |
| Iglesia         | Sra. Josefina Vda. de Ramos       | y                                        |
| Música          | Sr. Antonio Santos Ceveira        | Felipe                                   |
| Álbum           | Srta. Lilia Coronado              | que tendrá verificativo                  |
| Copas           | Srta. Carlota Ayer                | el viernes, 31 de enero de 2005          |
| Baile           | Sr. Gómez Salcedo y Sra.          | a las 2:00 de la tarde                   |
| Cuchillo        | Srta. Florita Zarate              | St. Elmo's Catholic Church               |
| Fotografías     | Sr. Ricardo Viernes y Sra.        | 9627 Eastern Drive                       |
|                 |                                   | Nogales, Arizona                         |

**Invitación de la boda en arreglo vertical uniforme con lista de la comitiva nupcial**

mapas y direcciones, reservación de asientos y boletos de estacionamiento, tarjetas de "ya estoy en casa" para informar a sus invitados de su dirección después de la boda, y tarjetas de respuesta. Las tarjetas de respuesta son una manera amable de alentar a los invitados a responder para cierta fecha; éstas son tradicionalmente más pequeñas que la invitación e incluyen un sobre predirigido y con sellos postales. Una alternativa innovadora y económico es una tarjeta postal de respuesta con sello postal.

Debido al formato y a la gran cantidad de información, la invitación latina es más larga que las invita-

Padrinos de la boda de
Elena Carmen Zavala y Guillermo Vargas
May 1, 2005

Velación: Sr. Elmino Mariposa y Sra.
Anillos: Sr. Samuel Gómez
Arras: Sr. Lucas Cerveza
Lazo: Srta. Juanita Vásquez
Ramo: Sr. Paulo García y Sra.
Libro y Rosario: Sr. Antonio Pedro y Sra.
Flores: Sr. Timoteo Romano
Música: Sr. Oscar de los Reyes y Sra.
Invitaciones: Sr. Mauricio Carrere y Sra.
Recuerdos: Sr. Roberto Sánchez y Sra.
Fotografías: Sr. Javier Montana y Sra.
Vídeo: Sr. Esai Morales
Álbum: Srta. Isabella Martinez
Copas: Sr. Miguel García y Sra.
Brindis: Sr. Mario de la Cruz y Sra.
Pastel: Sr. Sergio Mendes y Sra.
Cuchillo y Pala: Sr. Pablo Ríos y Sra.

**Adición especial a la invitación de boda**

Se pide que por favor responda

antes del 23 de agosto del 2005

Nombre(s) _____

____ Personas que asistirán

**Tarjeta de respuesta que requiere un sobre con sello de correo**

Sea tan amable de responder antes del

20 de abril del 2005

S _____

Número de personas que asistirán ____

Lo siento, po podré asistir____

La Familia Rivera
123 Main Street
Miami FL 45678

**Tarjeta postal de respuesta**

ciones tradicionales angloamericanas. Se requieren sellos postales extras, especialmente si usted planea incluir adiciones especiales. Las impresoras también pueden cargar un honorario fijo adicional por planear su invitación en el formato "Y" y por escribirlas en español.

El papel y los diseños especiales seleccionados para su invitación también afectarán el precio. Las invitaciones de marfil o sin blanquear son tradicionalmente elegantes, aunque una amplia variedad de diseños, hasta invitaciones que incorporan fotos y cintas, se encuentran disponibles en tiendas locales de papelería y tiendas de regalos, salones nupciales, catálogos de ventas por correo, y algunas impresoras de especialidad. Hojee el amplio surtido de muestras en los álbumes para obtener ideas, mientras tiene pre-

Pedro y Erlinda Ramírez
se complacen en anunciar
el matrimonio de su hija
María Ana

a

Raúl González

Liberato y Rosa González
se complacen en anunciar
el matrimonio de su hijo
Raúl

a

María Ana Ramírez

El sábado primero de junio del
Dos mil cinco
En la Iglesia San Francis Xavier
Jajome, Cayey
Puerto Rico

**Anuncio de la boda en formato "Y"**

sente el grado de formalidad, esquemas de color, y temas que consistentemente expresan su estilo latino.

Para compartir las buenas noticias con personas que no están invitadas a la boda, envíe anuncios de la boda con fecha de correos del día en que usted se casa. Aunque las frases cambiarán un poco, mantenga el diseño consistente con sus invitaciones, ya sea el formato "Y" o el estilo vertical estándar, como los ejemplos aquí dados.

Los programas de recuerdo de la boda proporcionan a sus invitados una explicación de todo el simbolismo (véase el capítulo 5) en su boda latina.

Doctor Carlos Moreno
Estrella Moreno Aragon

y

Reverendo Jorge Cruz
Rosario Cruz Guinto
anuncian la boda de sus hijos
Lourdes Maria

y

Rodrigo Felipe
el catorce de febrero
en el Año de Nuestro Señor
Dos mil uno
Iglesia Cristiana Primera
713 West Place
Reno, Nevada

**Anuncio de la boda arreglo vertical**

Puede encargar los programas de catálogos de invitaciones o tiendas impresoras, o usted puede crear su propio diseño usando un programa de autoedición en su computadora. Alternativamente, usted puede escribir el programa en una máquina de escribir o escribirlo en caligrafía, copiarlos en papel seda o papel clásico, enrollarlo en forma de pergamino, y atarlo con un anillo decorativo o cintas rizadas en el mismo esquema de color de su boda.

# Guía sobre los artículos de escritorio para la boda

 Informe a sus padres y o padrinos-patrocinadores de su selección del diseño y manténgase dentro de su presupuesto.

 Compare precios—quizás encuentre que las mismas invitaciones o muy semejantes están disponibles en el álbum o catálogo de otra compañía a un costo más bajo.

 Las tarjetas postales de respuesta usadas en lugar de las tarjetas de respuesta con sobres, requieren menos sellos postales y son más baratas de imprimir.

 El uso de tinta de colores, sobres con interiores forrados, direcciones preimpresas de retorno en el sobre exterior, y sellos engomados agregará cargos extras al precio de su pedido.

 Si quiere, compre notas de agradecimiento, papelería social, tarjetas de colocación, programas de la boda, certificados decorativos de matrimonio, servilletas, y obsequios impresos junto con sus invitaciones.

Entienda todos los términos de las instrucciones del pedido y términos de pago antes de hacer su compra. Obtenga todos los términos por escrito.

 Pida unas cuantas invitaciones extras como recuerdo, en caso de errores, y para invitados "olvidados".

 Revise la forma de su orden para errores de ortografía, incluso acentos o tildes. Pida por lo menos a una persona más que verifique la forma del pedido.

 Arme y dirija sus invitaciones según las pautas de etiqueta. Deletree y escriba los nombres correctamente, use los títulos apropiados tales como Doctor, Pastor, Capitán, y revise que contengan los códigos postales correctos.

 Asegúrese de que el sobre exterior cuenta con suficiente sellos postales. Coloque los sellos a todos los sobres de tarjeta de respuesta o tarjetas postales.

 Mande las invitaciones por lo menos ocho semanas por adelantado para permitir suficiente tiempo para las respuestas.

 Actualice su(s) lista(s) de invitados conforme recibe las respuestas. Un archivo de tarjeta de índice o una hoja de cálculo puede ayudarle a mantener un registro.

 Flores

En la España medieval, las flores de la boda eran seleccionadas más por su significado simbólico que por decoración. Las novias llevaban ramos de hierbas y los novios llevaban ramitos de hierbas para simbolizar la fidelidad y la fecundidad. Romero aromático e incluso ajo se usaron en ramos para desviar a los espíritus malignos celosos de la felicidad de la boda.

Posteriormente, la flor de naranjo (azahar) llegó a ser una flor nupcial popular, primero en España, luego en Francia y América. Las novias llevaban florecitas de naranjo moldeadas en cera cuando las flores frescas no se encontraban disponibles. El simbolismo es significativo: El naranjo es uno de los pocos en toda la naturaleza que da flores y fruto al mismo tiempo—un símbolo de juventud y de la pareja fructífera. El árbol mismo es un árbol de hoja perenne, simbolizando la naturaleza eterna y sin cambios del amor eterno que los recién casados se tienen el uno para el otro.

El simbolismo llevado por las flores puede tener implicaciones culturales negativas. Por ejemplo, en Guatemala las flores blancas están para los funerales; no están para las bodas. En México algunos creen que las flores púrpuras están para los entierros, las flores rojas traen hechizos, y las flores blancas los quitan. En Chile, las flores amarillas representan desprecio. Y en España el crisántemo y la dalia se asocian a muerte. (Axtell, Roger E., *Do's and Taboos Around the World*, 1933)

En la actualidad la rosa en todas sus variedades es la flor favorita para la boda. A causa de su belleza y disponibilidad, las rosas son una buena elección. Además de los arreglos de rosas, agregue un toque latino incorporando la flor nacional y nativa de España o Latinoamérica. Escoja el lirio y el narciso miniatura de España, la dalia de México, la flor araña de Colombia, la begonia de Venezuela, la flor estrella de primavera de Argentina, la flor de copihue y mariposa de Chile, o el azahar español tradicional.

En el suroeste de los Estados Unidos y algunas partes de México, la novia católica latina coloca un ramo especial a los pies de Nuestra Señora de Guadalupe al inicio de la ceremonia. En Guadalupe, México, en diciembre de 1531, unas apariciones de María tomaron lugar. En 1945, el Papa Pius XII proclamó a Nuestra Señora de Guadalupe la Madre de las Américas. Las novias católicas latinas en otras partes de los Estados Unidos colocan también un ramo a los pies de la Virgen María como una ofrenda de acción de gracias o como un pedido de oración para seguir su santo ejemplo en la vida. Por lo tanto, las novias católicas latinas pueden necesitar tres ramos: uno para llevar, uno para tirar en la recepción, y un tercero para colocar a los pies de la Virgen María o de Nuestra Señora de Guadalupe.

Haga una lista de todas las flores que se necesitan, teniendo presente las decoraciones del altar, decoraciones de la recepción y centros de mesa, fondo para los asientos, y guirnaldas. Seleccione flores para las madrinas, las madres, madrina-patrocinadora, y otras damas especiales en su boda. Pida una flor para la solapa del novio que haga juego con las flores de la novia. Obtenga flores adicionales para las solapas del padrino, los padres, padrino-patrocinadores, y los otros hombres de honor. Seleccione flores complementarias para los sitios de la ceremonia y la recepción. Si la iglesia lo permite, recicle algunas flores usando los arreglos florales de la ceremonia como decoraciones en el sitio de la recepción.

# Flores de boda

En una boda latina el ramo nupcial es a menudo reemplazado por un libro decorado con flores o un libro de oraciones presentado a la novia por el padrino-patrocinador.

Las flores son presentadas a los padrinos-patrocinadores y a las madres de la pareja durante la ceremonia para honrarlos.

Prepare una pequeña cesta con pétalos para la niña de las flores para que los disperse si ella no lleva un ramo miniatura.

Coloque dos rosas en un cojín y preséntelas más tarde a las madres de la novia y el novio como apreciación por haber dado vida y amor a la pareja.

Use un abanico de encaje como fondo para sus ramos florales para acentuar el tema latino.

Seleccione el ramo nupcial en proporción con su tamaño. Un ramo grande puede ser abrumador para una figura pequeña y un ramo pequeño se perderá entre un adornado vestido de novia.

Sus amigos u otros pueden seguir una práctica mexicana de colgar guirnaldas y macetas de flores sobre la puerta de la novia antes de la boda como una agradable sorpresa.

Haga la reservación de los arreglos florales por lo menos seis meses antes de la boda, y un año antes de la boda si sus selecciones son difíciles de importar, si ha seleccionado arreglos excepcionales, o si el día de la boda se encuentra cerca de un importante día festivo, como el Día de la Madre o el Día de los Enamorados.

Considere las flores de seda así como también las flores recién cortadas, o una combinación de flores de seda y flores frescas. Discuta esto con el florista.

Tenga un presupuesto en mente antes de visitar las florerías.

Trabaje con un florista experto en bodas. Empezando con las muestras del florista, discuta sus preferencias y presupuesto, y el nivel de servicio ofrecido por la tienda. Negocie el contrato, inclusive el horario, precio, y multas por cancelación.

Preserve las flores frescas de su ramo como un recuerdo. Su florista puede recomendar a alguien capacitado en la conservación de flores.

## Fotografía y videograbación

Una imagen vale mil palabras—¡en inglés o español! Las fotografías y los vídeos rompen la barrera del idioma ya que ellos capturan, comunican, y traducen todas las emociones del día de su boda. Con la tecnología disponible hoy en día, los familiares aún distantes pueden gozar de las escenas de su boda instantáneamente por la Internet.

El contratar a alguien que filme y a un fotógrafo competente es esencial para tener un registro completo de su día especial. Un amigo o familiar puede cobrar menos, aun si es profesional, pero fotografiar una boda es un trabajo dedicado y la persona que realiza la fotografía no puede gozar de la celebración. Use su círculo de familiares y amigos para recabar nombres de fotógrafos recomendados. Usted puede encontrar al fotógrafo correcto por medio de anuncios o a través de las Páginas Amarillas; sin importar la fuente, verifique tanto el nombre del fotógrafo y el nombre del negocio con la Oficina Principal de Negocios (Better Business Bureau®) para quejas en su archivo. Visite varios estudios para examinar muestras de álbumes de bodas. Pregunte a los fotógrafos que usted entrevista acerca de su conocimiento en primera instancia sobre bodas latinas; ellos han visto muchas, muchas bodas y son un buen recurso olvidado de ideas. Reúna notas y listas de precios de todas las visitas.

Después que usted haya seleccionado a un fotógrafo y un videógrafo cuyo precio, habilidad y estándares, y personalidad se acomodan a su gusto, negocíe el contrato. Incluya en el contrato todos los honorarios, programas de descuento para contratos de paquete, servicios y protocolo, códigos de uniforme y vestimenta, honorarios de montaje en la ubicación, efectos especiales de foto acabado y vídeo, equipo y trabajadores, estrategias de conservación de imágenes, tales como páginas de álbum libres de ácido, y producción de copias extras de vídeo. Incluya también en el contrato una fecha de cuándo las pruebas o negativos y cinta maestra estarán listas. Indague las normas de reservación y cancelación y responsabilidad por imágenes perdidas.

Con bastante anticipación antes de la boda, señale al fotógrafo y al videógrafo acerca de las tomas de pose y espontáneas que se deben tomar. Haga una lista de estas escenas que deben de tomarse, y proporciónelas al fotógrafo con un horario de actividades de la boda de principio a fin y una lista de participantes en la boda que estarán disponibles para ayudar.

Siguiendo una costumbre angloamericana, las parejas latinas a menudo se toman una fotografía de compromiso. Las novias latinas en algunas ocasiones se toman su retrato formal de bodas con anticipación para que pueda ser mostrado durante la recepción. Esto no siempre se realiza a causa de supersticiones culturales acerca de llevar y ser vista en su ajuar de novia antes del verdadero día de la boda. El tomarse un retrato de bodas por adelantado agrega costos extras y puede restar la anticipación romántica de la primera contemplación por parte del novio de su hermosa esposa a medida que ella desfila por el pasillo.

Dé cámaras desechables en forma de obsequio durante la recepción para que los invitados puedan tomar fotos espontáneas. Usted tendrá suficientes fotos que podrá incluir con sus notas de agradecimiento.

## La música y el baile

La música y el baile pueden convertir una reunión ordinaria en una fiesta extraordinaria, si éstos no están en conflicto con su creencia religiosa. La música proporciona un ambiente romántico a una ceremonia solemne y un estilo festivo a una recepción. La música para su ceremonia debe de ser discutida con el oficiante. Algunas iglesias y sinagogas se oponen a cualquier tipo de música no

## IDEAS PARA LA MÚSICA DE LA CEREMONIA

*Ave Maria*, P. Rubalcava, Publicaciones de la Biblioteca Mundial [World Library Publications]

*Amar es entregarse*, tradicional

*Como brates de olivo*, L. Deiss, Publicaciones de la Biblioteca Mundial

*Desde este momento*, L. Florían, Publicaciones de la Biblioteca Mundial

*Salmo 128*, L. Florían, Publicaciones GIA [GIA Publications]

*En Cana de Galilea*, C. Gabaráin, Prensa Católica de Oregon [Oregon Catholic Press]

religiosa, inclusive el muy tradicional "Coro Nupcial de Lohengrin" por Richard Wagner y "La Marcha Nupcial" por Félix Mendelssohn. En tales casos, pida al director de música que sugiera música sagrada apropiada para su ceremonia. Cuando usted se compromete a los servicios de un organista, pianista, coro, o solista, calcule pagar por sus especiales contribuciones.

Si su ceremonia se celebra en el palacio de justicia u otra ubicación civil, pregunte por restricciones en la música y músicos. Como mínimo, la mayoría de los sitios permitirán grabaciones de audio.

Para la recepción, emplee a un animador de discos o una banda en vivo. Asegúrese de indagar por todo tipo de honorarios, incluso el tiempo extra, requerimientos de arreglos y equipos especiales, su vestimenta para la boda, y las selecciones musicales. Pida artistas latinos y música latina específicamente. No espere que el animador de discos actúe como animador general en la recepción; en lugar pida a un amigo que sirva como animador para hacer los anuncios necesarios. La música latina en su recepción puede incluir tambores y platillos, guitarra española clásica, o la colorida presencia de mariachis. Tal vez el novio quiera seguir con la costumbre española del cortejo de antaño y dar serenata a su novia; quizás ella quiera reciprocar con una bella balada.

En la cultura latina, donde hay música, hay baile y una amplia variedad de estilos de baile. El merengue, mambo, cha-cha-chá, tango, salsa, cumbia, y rumba podrían formar parte de la diversión de la recepción. Usted estará lista para dirigir el camino a la pista de baile si usted y su compañero se inscriben en unas cuantas lecciones de baile o repasan unos pasos antes de su boda.

Los bailes en círculo o en línea tales como la Macarena y la conga son populares en las bodas latinas. En las celebraciones de boda en México, los invitados forman un corazón y los recién casados bailan en el centro. Otro baile de bodas mexicano es el Baile de la Serpiente, también conocido como La Víbora. Las mujeres solteras forman una línea y pasan bajo las manos entrelazadas de la pareja. Cuando la música para, una mujer es "capturada" entre los brazos de los recién casados, muy parecido al juego de niños "El puente de Londres está cayendo". La novia entonces le entrega su ramo a la mujer capturada. Los hombres solteros realizan el mismo baile, y al final, el novio le quita la liga a la novia y la tira, ya sea al hombre capturado o a todos los solteros. En otra versión, la novia y el novio se paran en sillas, dándose la cara, y sostienen el saco del novio entre ellos como un arco para que la mujeres solteras bailen por abajo y alrededor. Cuando la música para, la novia tira su ramo a las mujeres.

Los bailes tradicionales y populares de otros países latinos incluyen la sardana y el flamenco de España; la samba de Brasil; el baile del sombrero y baile indio del venado (yaqui) de México; la cueca de Colombia y Chile; el joroko de Venezuela; y el carnavalito de Argentina.

Un baile latino de boda favorito (mayormente mexicano) es el baile del dinero o del dólar. Es casi esperado culturalmente en algunas regiones de los Estados Unidos como una parte de la diversión en la boda y como una oportunidad para los bien intencionados, de donar a los recién casados efectivo extra para gastar en su luna de miel o para ayudarlos en abrir una cuenta bancaria.

Hay controversia sobre esta práctica; algunos la consideran "sin gusto" o "sexista" porque se le ve como una petición indiscreta de dinero o hasta como una forma sutil de prostitución, especialmente cuando el baile del dinero no se practica generalmente como tradición en las familias de la propia pareja.

Si usted desea incluir el baile del dinero para la recepción, hágalo por diversión y no sólo para beneficiarse. El anunciador debe avisar a los huéspedes que no están obligados a participar, y no se les deberían presionar o avergonzar. Usted también puede explicar la tradición del baile del dinero en su programa de recepción de manera que sus huéspedes que desconocen esta costumbre, no malinterpreten sus intenciones.

Hay diferentes variaciones del baile. Mientras que los recién casados bailan sus baladas de amor favoritas, los invitados pueden:

- tomar los zapatos de la novia y del novio—o para los Tejanos, las botas del novio—y pasarlos de mano en mano para reunir donaciones

- arrojar arras y dólares a los pies de la pareja

- pagar por bailar con la novia o el novio

- formar una fila para adherir billetes a la ropa de la pareja

- colocar dinero en sobres pequeños y dárselos al novio, quien los pone en una bolsa especial llevada por su novia

El primer baile de la celebración les corresponde a los recién casados. Los invitados siguen a la pareja a la pista de baile.

En la etiqueta latina se considera de mala educación que la pareja de recién casados dejen la recepción antes que sus invitados, así que ellos se quedan hasta el último baile. Sus invitados pueden estar divirtiéndose tanto que ellos continúan, pero ustedes pueden confiar en la hora de cierre de la sala de recepción para terminar con las festividades.

# Transporte

Una dramática llegada y salida de su boda crean una impresión inolvidable. El viaje a la iglesia es majestuoso y callado; el viaje de retirada de la iglesia es tumultuoso y emocionante con las bocinas sonando y los invitados anunciando gustosamente al mundo que ustedes son los "¡Recién Casados!" El coche de bodas es decorado con flores blancas, y lo sigue una caravana de miembros del cortejo en coches decorados con los colores de la boda.

Las parejas son muy creativas en lo que se refiere a los vehículos para pasear a los novios. Son muy populares las limusinas, los carruajes, y coches deportivos de lujo. Otros medios de retirarse de la ceremonia incluyen globos de aire, carros de bombero, motocicleta, botes, helicópteros, y vagonetas. El carruaje tirado a caballo es otra opción, y esto trae a la memoria la era sofisticada de las elegantes damas y distinguidos caballeros (doñas y dones).

Si usted alquila una limusina, necesitará hacer los arreglos seis meses antes de la boda. Cuando usted visite la sala de exposición, pida los requisitos mínimos de alquiler, costos de tiempo extra, paquetes de champaña, limitaciones en las decoraciones, y propinas. Especifique las fechas de entrega y retorno cuando negocíe el contrato final. Prepare mapas, direcciones, y el horario de la boda para el chófer o chóferes. Como con todo lo demás, obtenga todos los términos por escrito.

Si usted usa sus propios coches en el día de su boda, téngalos limpios, encerados, y abastecidos con gas. Decore los coches sin comprometer la seguridad. Controle el acceso a su coche si usted no quiere que sea decorado por un comité espontáneo y entusiasmado de bien intencionados.

Para un trato verdaderamente real, cubra el camino desde la puerta del coche de la novia hasta la iglesia con una alfombra roja alquilada de una tienda local de alfombras. Luminarias que enmarcan el camino a la entrada para el sitio de la ceremonia o la recepción son muy bonitas y muy latinas, pero requieren de precauciones especiales. Las luminarias se hacen colocando velas en bolsas de papel que son asentadas con arena. **Advertencia:** Cuidado especial se debe ejercer cuando se usan velas al nivel del suelo alrededor de niños y vestidos con vuelo.

Después de la recepción, puede confiar en que sus asistentes de honor y/o los padrinos-patrocinadores devuelvan los artículos alquilados tales como el candelabro, banquitos para arrodillarse, y decoraciones grandes de la boda (por ejemplo, arcos o columnas), para que usted no tenga que preocuparse de tales detalles en su día especial. Asegúrese de preparar de antemano instrucciones por escrito que indican dónde y cuándo hay que devolver los artículos.

# La ceremonia

¡Usted ha pasado meses esperando, planificando, gastando, coordinando, decorando, sintiendo grandes emociones, celebrando, y ensayando para el día especial tan esperado!

La ceremonia es el corazón y la razón de todas sus preparaciones, y ante usted en este momento se encuentra la culminación de todos sus esfuerzos. Aquí, juntos, ustedes se encuentran en un bello ambiente, resplandeciendo de felicidad, rodeados por aquellos a quienes ustedes aman, quienes presencian su promesa de amarse y honrarse el uno al otro.

Aunque ustedes pudieron haber soñado (o a veces tenido pesadillas) de su boda, estén seguros de que, gracias a su organización y preparación, todo saldrá bien.

# Una ceremonia cristiana-latina de bodas

Las velas son encendidas.

Los padrinos-patrocinadores que patrocinan la Biblia se sientan.

Los padrinos que patrocinan las arras se sientan.

Los padrinos que patrocinan el lazo se sientan.

Los padrinos que patrocinan los cojines de boda los colocan donde la pareja se arrodillará, y se sientan.

La madre de la novia es acompañada a su asiento del brazo izquierdo de un ujier.

La madre del novio es acompañada a su asiento del brazo izquierdo de un ujier, y sentada al lado de su esposo.

El oficiante, el novio, y el padrino de boda entran por el costado.

Las asistentes de la novia entran, acompañadas por los asistentes del novio.

La madrina entra.

La niña de las flores y el portador de anillos entran.

La novia entra del brazo izquierdo de su padre y camina por el pasillo con la música de procesión.

El oficiante da la bienvenida a todos.

El padre de la novia "la entrega" y toma su asiento al lado de su esposa.

El oficiante da las bendiciones sobre la pareja y por el día, y lee selecciones especiales escogidas por la pareja que se une.

El solista canta o los músicos tocan.

Los padrinos presentan la Biblia a la pareja y regresan a sus asientos.

Los padrinos le presentan a la pareja las arras en un cofre y regresan a sus asientos; el novio toma las trece arras del cofre, y, conforme él repite los votos, las coloca, una por una, en las manos de la novia. Después de recibir las arras, ella las pasa a su madrina de honor para que las guarde. En una variación de esta costumbre, los padrinos entregan las arras en una bolsa de encaje o de raso al sacerdote, quien las bendice y las coloca en la palma del novio. El novio entonces presenta la bolsa a la novia, o vierte las arras en su palma, y ella de igual manera se las regresa a él. Él entonces se las da al padrino. Las arras pueden ser de oro o pueden ser monedas mexicanas, españolas, americanas, u otras monedas latinas, bañadas en oro.

La pareja intercambia los anillos de matrimonio y votos.

La pareja se arrodilla en los cojines para la presentación del lazo; los padrinos colocan el lazo alrededor de los hombros de la pareja de modo que la cruz cuelga en el centro entre los dos. La madrina coloca la lazada izquierda sobre la novia mientras el padrino coloca la lazada derecha sobre el novio.

La pareja permanece arrodillada para la ceremonia del velo. La ceremonia del velo reemplaza en ocasiones la presentación del lazo.

La madrina y el padrino permanecen parados detrás de la pareja mientras éstos reciben la comunión. La madrina sostiene la mantilla lejos de la cara de la novia para la bendición de la comunión y la eliminación del lazo.

Las madres de la novia y del novio se acercan y encienden dos velas pequeñas en el candelabro y las pasan a la pareja, quienes a su vez juntos encienden la vela central.

El oficiante da las bendiciones finales y pronuncia a la pareja marido y mujer.

El novio levanta la mantilla y besa a la novia.

La novia marcha por el pasillo del brazo izquierdo del novio con la música de retirada apropiada.

El cortejo los sigue.

Una tradición colombiana que se mantiene es que las mujeres solteras invitadas tratan de hurtar la flor de la solapa del novio después de la retirada, antes de que él llegue a la recepción. Se cree que quienquiera que se la quite será la próxima en casarse.

# Simbolismo de la boda cristiana-latina

En las bodas latinas, el caballero siempre escolta a la dama en el brazo izquierdo porque la coloca cerca de su corazón. En la tradición anglosajona, un caballero acompaña a una dama en el brazo derecho para protegerla de caballos, de lodo, o de la basura en la calle.

La madre de la novia es acompañada a su asiento antes que la madre del novio, lo que simboliza que ella es la huésped de honor de la boda.

Los padrinos le presentan a la pareja una Biblia o un libro de oraciones para alentarlos a orar. Con frecuencia es un libro de cubierta dura con un acabado perlado o elaboradamente decorado con encaje y acabado de perlas e impreso con los nombres de la pareja y la fecha de la boda.

La pareja se arrodilla para una bendición—un símbolo de su humildad ante Dios—en un cojín especial bordado con un pensamiento favorito, un verso bíblico, o los nombres de la pareja y la fecha de la boda. La almohadita o el cojín simboliza la esperanza de la comodidad en su nuevo hogar.

En la ceremonia de velo, los padrinos-patrocinadores arreglan el velo de novia sobre los hombros del novio mientras la pareja se arrodilla. En una variación se usa un chal especialmente diseñado (mantón o echarpe) para cubrir los hombros de la novia y del novio, para simbolizar que aunque la pareja puede llevar cargas inesperadas en el matrimonio, ellos siempre estarán cubiertos y protegidos por el amor de Dios.

El lazo es una cuerda de tela, una guirnalda floral, o un rosario largo enlazado alrededor de la pareja para unirlos como esposo y esposa. El lazo es atado en forma de ocho, símbolo matemático de infinito, como símbolo de para siempre y por toda la eternidad.

Las trece arras o monedas presentadas a la novia por el novio simbolizan el compromiso del novio para cuidar de su novia y hacer de su riqueza la suya. El pasar las arras de uno hacia el otro es un símbolo de compartimiento de los bienes materiales, en la riqueza y en la pobreza. El número de arras—trece—es significativo. En la España católica el número trece representa a Cristo y a sus doce apóstoles.

El cofre en el cual las arras se guardan es a menudo elaborado y refleja la posición de la familia. La caja puede ser decorada con joyas, pinturas religiosas, o perlas, o puede estar enchapada en oro, y puede ser transmitida de una generación a otra. Puede usar en cambio una bolsa de encaje o raso, un cojín especialmente diseñado, o un pañuelo para guardar las arras e incluso los anillos de matrimonio.

Los anillos se intercambian para simbolizar la fuerza y el amor eterno. Los latinos no siempre han intercambiado anillos; por cientos de años, las novias españolas gitanas usaron un collar hecho de monedas en lugar de un anillo de matrimonio.

Como muestra de apreciación por el regalo de la vida y amor de las madres, la pareja les presenta a sus madres las rosas que se colocaron al inicio de la ceremonia en los cojines para arrodillarse.

La vela de la unidad se enciende para recordar a la pareja que Jesús es la Luz del Mundo. Los padres de la pareja o las madres encienden las velas exteriores de un tri-candelabro. El novio y la novia entonces toman las velas encendidas por sus padres del candelabro y encienden juntos la vela central para simbolizar la unión de dos familias.

Proporcióneles a sus invitados como recuerdo un programa de la boda que explica todo el simbolismo especial en su ceremonia cristiana-latina. Incluya el orden del servicio, letra de la música, traducción al español o al inglés como sea apropiado, y el reconocimiento de los miembros de la comitiva de la boda.

Para un matrimonio civil y mixto, y para otros tipos de ceremonias, consulten con el oficiante acerca del orden de la ceremonia apropiado para sus circunstancias. Imagine, planee, y ensaye la ceremonia. Discuta las tradiciones y costumbres latinas con el oficiante para que todos sepan qué esperar en el día de la boda. Escriba el orden de la ceremonia, refina y ajuste, y haga copias para todos aquellos que tengan un papel que desempeñar.

## LAS CEREMONIAS PRECOLOMBINAS

Las bodas mayas tradicionalmente tenían lugar en la casa de la novia. Un *shaman,* quien quemaba el incienso y explicaba los detalles del acuerdo matrimonial, realizaba la ceremonia.

Las ceremonias incas de bodas masivas entre la gente del pueblo se realizaba en el centro de reunión público del pueblo durante ciertas etapas. La gente soltera formaba líneas, en una estaban los hombres y en la otra las mujeres, y el jefe de la tribu los declaraba como marido y mujer a aquellos que estaban frente a él. ¡Qué dicha era para el inca llegar delante del jefe de la tribu y encontrar paralelamene en la otra fila a la persona que él amaba!

Sacerdote o Ministro

Novio

Padrino

Padre del novio *(sentado)*

| Madrinas | Padrinos |

que *llevan*

| La Biblia | La Biblia |
| Las Arras | Las Arras |
| El Lazo | El Lazo |
| El Cojín para arrodillarse | El Cojín para arrodillarse |
| Madre de la novia | Ujier |
| Madre del novio | Ujier |

Madrinas

Madrina de honor

| Niña de las flores | Portador de anillos |
| Novia | Padre de la novia |

Sacerdote o Ministro

| Novia | Novio |
| Madrina de honor | Padrino de la boda |
| Niña de las flores | Portador de anillos |
| Madrinas | Ujieres |
| *(sentados)* Padres de la novia | Padres de novio *(sentados)* |
| Madrinas | Padrinos |

*(sentados hasta el momento de la presentación de la Biblia, arras, y lazo)*

## *Orden de la despedida*

*En las bodas latinas, las mujeres son escoltadas en lado izquierdo del hombres.*

Padrinos ❈ Madrinas

Padre del novio ❈ Madre del novio

Padre de la novia ❈ Madre de la novia

Ujieres ❈ Madrinas

Padrino de la boda ❈ Madrina de honor

Portador de anillos ❈ Niña de las flores

*seguidos por*

Novio ❈ Novia

## Capítulo 6

# La recepción

Los latinos son muy conocidos cuando se trata de celebrar, y su boda es causa para una gran celebración. La recepción de la boda es el gran acontecimiento—la fiesta grande—que honra su posición de recién casados. Para que su recepción sea un gran éxito, todos los detalles y logística necesitan de una atención cuidadosa.

## El sitio

Localice un lugar que sea privado, accesible, y suficientemente grande para tener su recepción. No se limite a un salón de banquetes o a un salón de hotel. Considere un yate o un barco crucero, el jardín de un parque, haciendas o mansiones históricas, un museo o galería de arte, un edificio de una universidad, el comedor de un restaurante,

## LA FIESTA EN EL VECINDARIO

Las fiestas de las bodas en pueblos e América Latina de antaño eran fiestas a través de todo el vecindario que duraban por varios días mientras que las familias de los novios y también su abuelos se turnaban para auspiciar las fiestas en honor a los recién casados. Como siempre, había abundante comida, música, y baile para todos los invitados. Y en los pueblos mexicanos de Oaxaca, Huejutla, y Yaqui, se celebraban con fuegos artificiales que ahuyentaban a los malos espíritus y gozosamente anunciaban el matrimonio de dos amantes latinos.

un teatro, una arena deportiva, una pista de patinar sobre hielo, la playa, una piscina, o el hogar. Reserve la fecha y la hora por lo menos seis meses antes de la fecha de la boda.

 ## Precio

Indague los depósitos para reservar el sitio, costos del servicio, costos extras de limpieza o de tiempo suplementario, impuesto y propinas, y los métodos del pago y horarios. Manténgase dentro del presupuesto, negocíe los contratos, y cerciórese de que todo se encuentre incluido en el contrato por escrito.

 ## Servicio

Investigue acerca de los camareros, asistentes para estacionamiento, guardias, cantineros, y otros que atienden su recepción. Cerciórese de que haya suficiente personal para proporcionar los servicios solicitados. Haga saber al director del sitio si esfuerzos coordinados con sus otros vendedores de servicios (proveedor de banquetes, panadero, músicos, fotógrafo y videógrafo, y florista) serán necesarios.

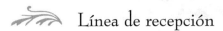 ## Línea de recepción

Tenga una línea para recibir en su recepción; puede ser la única oportunidad para que usted salude a sus invitados individualmente.

En la costumbre latina, como en la anglosajona, el orden de una línea de recepción tradicionalmente comienza con la madre de la novia, después la madre de novio, la novia, el novio, la madrina de honor, y las madrinas. Los padres de los recién casados pueden incluirse o no, pero si forman parte de la línea, ellos se paran a la izquierda de sus esposas. Muchos latinos incluyen a sus padres en la línea a causa de los fuertes valores familiares. Los padrinos-patrocinadores pueden formar parte de la línea de recepción, pero esto da lugar a una larga línea, así que con frecuencia, ellos son omitidos. Los ujieres no son parte de la línea de recepción.

## *Línea de recepción*

Madre de la novia
Padre de la novia
Madre del novio
Padre del novio
Novia
Novio
Madrina de honor
Madrinas *(de la menos a la más joven)*

*La línea de recepción es la misma que en las bodas anglosajonas, con la excepción de que los padres por lo general forman parte de ésta.*

## El arreglo de los asientos

Típicamente, los recién casados y sus asistentes se sientan en una mesa central en frente de sus invitados. Existen muchas variaciones del arreglo de asientos para la mesa principal, pero los recién casados siempre se sientan en el centro. El padrino de la boda se sienta al lado de la novia mientras que la madrina de honor se sienta al lado del novio. El resto de los asistentes se sientan en la mesa principal, alternando hombres con mujeres. Otro arreglo de asientos coloca a las asistentes de la novia a su lado y a los asistentes del novio de su lado, con los asistentes de honor sentados lo más cerca de la novia y el novio.

Los padres de los recién casados se sientan en una mesa separada, juntos o separadamente. La mesa de los padres de la novia puede incluir a sus abuelos, y la mesa de los padres del novio pueden incluir a los suyos. Los padrinos-patrocinadores pueden ser sentados todos juntos en una mesa especial o con sus propias familias.

Dé consideración especial a los arreglos de los asientos si alguno de los padres de los recién casados es divorciado. Use tarjetas de ubicación para permitirles a todos, incluso a la comitiva de la boda, saber dónde deben sentarse.

## El menú

¡Goce de un gran banquete con una abundancia de alimentos! Para los latinos, el servir sólo pastel y refresco no es suficiente; ellos quieren una variedad de platillos en cantidades masivas. Sirva una comida completa u ofrezca un bar de comida con estaciones de alimento. Complemente el menú de la recepción de su boda con alimentos tradicionales para fiesta.

Los judíos sirven sólo alimentos kosher (por ejemplo, ni puerco ni mariscos) en la recepción. Tenga cuidado de no servir carne y productos lácteos en la misma comida. Los banquetes judíos de boda comienzan con la bendición, el cortar, y compartir una barra de pan trenzado (challah) como una ofrenda comunal.

Los musulmanes siguen también unas estrictas pautas religiosas con respecto a la comida. Los artículos de Halal son aceptables.

Para recetas específicas para fiestas, kosher, y alimentos musulmanes, busque libros de cocina en la biblioteca o en la Internet.

Pida que su familia prepare algunos platillos típicos para sus invitados si el director del sitio permite que alimentos de fuera sean traídos a la recepción. Cerciórese de que haya suficiente alimento para alimentar a todos los invitados, con amplias reservas.

 Alimentos de la fiesta

| Aperitivos (tapas), primeros platillos, sopas, y ensaladas | Platillos principales/Platillo fuerte | Postres y bebidas |
| --- | --- | --- |
| • Empanadas rellenas de carne<br>• Buñuelos o fritangas<br>• Tostaditas de tortilla (totopos) y salsa (incluso guacamole y pico de gallo)<br>• Ensaladas y verduras mixtas (frijoles, chiles, tomates, y elote)<br>• Platillos de chile con queso<br>• Sopas (especialmente picadillo) y arroz<br>• Platos de pequeñas salchichas (chorizo) | • Asados, lechón, o carne a la parrilla barbacoa (de pollo, de res, y de puerco)<br>• Bar de fajitas y tacos<br>• Enchiladas<br>• Tamales<br>• Plato de tripa de carne de res (menudo)<br>• Paella<br>• Mariscos frescos (como el cebiche)— populares en regiones costeras y en el Caribe<br>• Pollo o pavo con salsa de mole— adaptada de los indios<br>• Ternera o carne de res en caldo de chile (birria)—de México | • Frutas frescas<br>• Plátanos (tostones o maduros)<br>• Sopaipillas<br>• Buñuelos<br>• Flan<br>• Chocolates finos<br>• Galletas (jarascas), incluso bizcochitos/polvorones<br>• Pastel (de fruta con ron o las tres leches)<br>• Cervezas importadas, bebidas alcohólicas, y cafés de Centro y Sudamérica |

Los bizcochitos o polvorones, pequeños pasteles tipo galleta que saben como el pan dulce de mantequilla, han llegado a ser reconocido por los latinos en el suroeste de los Estados Unidos y México como la galleta tradicional de bodas. Presente este postre en la boda misma y en fiestas nupciales informales.

**Ingredientes:**

| | |
|---|---|
| 1 taza de mantequilla suavizada | 2 tazas de harina cernida |
| ½ taza de azúcar glasé | ½ cucharadita de sal |
| ½ cucharadita de extracto de vainilla | 1¼ tazas de nueces picadas |
| | Azúcar glasé extra para polvear las galletas |

**Procedimiento:** Precaliente el horno a 350 grados. Con una batidora eléctrica, bata la mantequilla y el azúcar glasé en un tazón mediano. Agregue la vainilla. Combine gradualmente la harina, la sal, y las nueces en la mezcla. Haga bolitas de masa del tamaño de una pulgada y ruédelas hasta que estén lisas. Colóquelas en hojas para hornear galletas sin engrasar, dejando media pulgada de separación. Hornee por 15 minutos o hasta que estén levemente doradas. Retírelas inmediatamente de la hoja. Mientras los bizcochitos están todavía calientes, vuélquelos en el azúcar para polvearlos.

**Rinde:** Aproximadamente 4 docenas. Pueden ser almacenados en un contenedor hermético hasta por una semana.

## El pastel

Los recién casados saborean el pastel como símbolo de la dulzura de la vida matrimonial. Antes de encargar el pastel de boda, visite a varios panaderos. Su panadero puede, en consideración al presupuesto, decorar un delicioso pastel de boda con sus sabores, colores, y tema para crear el centro de mesa principal. Visite unas cuantas panaderías para obtener ideas de diseño, incluso hileras, capas de pastel, fuentes, o puentes. Corte el pastel tomada de la mano de su cónyuge con un cuchillo y un servidor decorados. Los camareros cortarán el resto y distribuirán las rebanadas a los invitados.

Para latinos de la herencia caribeña, el tradicional pastel de boda es una tarta de frutas bañada con ron. Una antigua costumbre argentina y peruana de pastel de boda es que el pastel se decora con cintas de varios colores (semejante a las costumbres victorianas y anglosajonas americanas sureñas). Una de las cintas tiene atado un anillo con un diamante falso. Antes de que el pastel se corte y se sirva, las mujeres solteras en la recepción estiran las cintas. La que obtenga la cinta con el anillo se casará durante el año. Si la boda no acontece, la tradición pide que la novia ofrezca una fiesta en su honor.

Un novio latino en el sur puede tener un pastel especial para él como un postre complementario además del pastel blanco de bodas. Tradicionalmente de chocolate (derivado del *xocolatl* de los aztecas), el pastel puede decorarse con fresas bañadas en chocolate o con nueces, y de coronamiento una decoración que representa el pasatiempo favorito del novio (como una diminuta pelota de fútbol); o el pastel entero puede hacerse de forma de guitarra, pelota de fútbol, pez, etc., o simplemente escarcharse en un molde tejido como una canasta o con un buen azucarado. Los invitados pueden saborear este especial extra de bodas en honor al hombre recién casado.

## El brindis

El brindis es el momento en que la comitiva de la boda dice lo que sienten en sus corazones. Asigne a alguien para pronunciar el primer brindis para la novia y el novio. Este deber recae generalmente en el padrino de la boda. Él debe hacer un discurso breve, de buen gusto, y sincero. Concluya con un brindis latino. Asegúrese de considerar un brindis bilingüe.

Infórmese acerca de las leyes sobre bebidas alcohólicas en su área, las normas del sitio de la recepción sobre el consumo de alcohol, las restricciones religiosas y dietéticas, y cualquier honorarios que se cobren por las botellas traidas de fuera. Si usted no va a servir champaña, considere uno de los vinos o espíritus preferidos de los países latinos, como lo sugiere *El libro completo sobre brindis de boda* [*The Complete Book of Wedding Toasts*] por Diane Warner.

# Bebidas tradicionales

| | |
|---|---|
| Argentina | Mate (una infusión no alcohólica) |
| Bolivia | Ron |
| Chile | Pisco (licor de uva) o vino chileno |
| Colombia | Aguardiente o ron |
| Costa Rica | Guaro o chirrite |
| Cuba | Ron |
| Ecuador | Chicha |
| El Salvador | Vino |
| Guatemala | Aguardiente |
| Honduras | Ron |
| México | Tequila o pulque |
| Nicaragua | Chicha |
| Panamá | Vino |
| Paraguay | Cana (coñac local) |
| Perú | Cana (coñac con base de uva) o pisco |
| Spain | Vinos españoles o coñac |
| Uruguay | Grappa, cana, ron, o coñac |
| Venezuela | Ron |

# Brindis latino

| | |
|---|---|
| Argentina y Bolivia | Salud (¡A su salud!) |
| Colombia | Brindo por [nombres de la novia y el novio] |
| México | Salud y amor |
| España | Salud, pesetas, y amor . . . y tiempo para gozarlos |
| Venezuela | A la salud |

## Decoraciones y obsequios

Refuerce su estilo de boda en su recepción con decoraciones creativas. Flores, globos, arcos, campanas, y velas en su esquema de color de la boda enfatizan la festividad de la celebración. Arregle y decore una mesa asignada para el libro de invitados y otra para los regalos y tarjetas. Los abanicos son un tema español popular y folklórico, y podría usarlos para diseñar los centros de mesa; o doblar las servilletas en forma de abanicos. Los sombreros miniatura son otra divertida y colorida idea. Si niños asistirán a su recepción de boda, entreténgalos con una piñata que usted puede hacer o comprar en un surtidor para fiestas o una tienda de arte.

Los obsequios son distribuidos a los invitados como un recuerdo de la fiesta de boda para darles las gracias por asistir. Los obsequios son también una manera de compartir la buena suerte de la pareja de casados. Los obsequios típicos incluyen dulces (atados en tul o colocados en diminutos platos de porcelana), cajas de cerillos, libretas de notas, botellas de perfume, artículos tejidos, o fotografías en un pequeño marco para retratos.

Otra idea sobre decoración y obsequios que es originaria de Puerto Rico se concentra en una muñeca vestida como una novia. La tradición pide que se coloquen los obsequios de cintas (capias) en el vestido de la muñeca. Durante la recepción, la novia quita estos obsequios de cintas de la muñeca y los prende con un alfiler en cada uno de los invitados de la boda. Las cintas se imprimen generalmente con los nombres de la novia y el novio y la fecha de la boda.

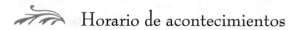 ## Horario de acontecimientos

Discuta con su animador el orden de la recepción resumiendo un horario tentativo de actividades. Incluya un programa para invitados en cada mesa para que ellos puedan ver y esperar con ansias la próxima presentación especial.

---

### HORARIO DE LA RECEPCIÓN DE LA BODA

Llegada de los invitados, el cortejo, y los recién casados

Formación de la línea de recepción

Discurso y oración de bienvenida

Introducción del cortejo y de los recién casados

La comida

Corte del pastel

Brindis y otros anuncios de buenos deseos

Lanzamiento del ramo

Lanzamiento de la liga

Entretenimiento

Juegos

Una breve historia del amor de la pareja

Baile

Despedida

---

## Capítulo 7

# Luna de miel y el hogar

Desde el momento que usted dijo "sí" a la propuesta de su novio, hasta el momento en que ambos afirman "lo (la) acepto", su vida es un torbellino constante de actividades enfocadas en la boda. Finalmente, solos para relajarse con su nuevo cónyuge, ustedes escapan de ese período de acontecimientos para renovarse a sí mismos y enfocarse el uno hacia el otro. Su luna de miel puede ser el final perfecto a todas las festividades de la boda y el gozoso inicio de un matrimonio feliz si usted planea sus viajes por adelantado.

## Los arreglos de viaje

Continúe el tema latino de su boda planeando una "luna de miel de herencia". Considere visitar las tibias y soleadas islas latinas en el Caribe, explorar las antiguas civilizaciones aztecas, mayas, e incas y los exóticos bosques tropicales de Centro y Sudamérica, o

ir por el litoral Mediterráneo de España. Dondequiera que usted planee viajar, comunique con su agente de viajes o con la Oficina de Turismo del destino sobre ideas iniciales. Coordine su fecha de boda con su horario de luna de miel, si es posible. O puede ser mejor planear un viaje de aniversario para conmemorar su primer año; de esa manera ambos pueden tomar tiempo libre del trabajo o de la escuela sin las presiones adicionales de la boda.

Las parejas conscientes del presupuesto deben evitar viajar durante las temporadas altas. Compruebe las tasas variables y rivales para los precios de boletos aéreos y precios de cruceros. Compare los precios de hoteles y de alquiler de coche. Use los boletos de viajero frecuente y de descuento. Considere un viaje de paquete.

Además de llevar dinero en cheques de viajero y tarjetas de crédito, lleve cambio en efectivo para los taxis, propinas, y compras pequeñas.

Es mejor hacer sus arreglos de viaje por lo menos seis meses antes de su luna de miel—sobre todo si van a viajar al extranjero. Fije el tiempo de salida bastante después de la ceremonia para darse tiempo de encontrar su vuelo. Confirme estos arreglos una vez más tres meses antes del viaje y una semana antes de su boda.

Antes de la salida, actualice su pasaporte y obtenga cualquier in-

## BODAS CON DESTINOS

La boda y la luna de miel preparadas en un paquete de viaje es una nueva opción para las parejas. El coordinador de bodas planifica toda la ceremonia con las ideas de la pareja para que ellos no tengan que preocuparse por los detalles. La boda con destino es una conveniencia de la pareja que prefiere una celebración íntima, especialmente si hay presiones de finanzas, tiempo, o familiares o sin han sido casados anteriormente y no quieren un festejo elaborado. O, si no importan los gastos, entonces un destino extravagante sería un gran peregrinaje para toda la familia, parientes, y amigos de la pareja. Las compañías de las bodas con destinos pueden también organizar los viajes de aniversario y de reafirmación. Planifique viajar a España o América Latina para su evento especial.

munización necesaria. Cerciórese que las recetas de medicamentos hayan sido surtidas, y compre medicamento para prevenir el mareo por si lo llegara a necesitar.

Unos cuantos días antes del viaje, revise las noticias para noticia sobre el clima, y empaque para su viaje.

Si van a viajar al extranjero, aprendan por lo menos un poco del idioma para que le dé una ventaja en comunicarse. Prepárense para la posibilidad de choque cultural.

Haga una lista de las actividades que usted quiere que hagan juntos como pareja y de aquéllas que usted hará sola. Lea las guías turísticas acerca del destino de su luna de miel y note alguna precaución especial.

Durante su luna de miel, escriba tarjetas postales a sus seres queridos. Mantenga un diario del viaje. Coman, compren, visiten, relájense, y gocen la compañía el uno del otro. Sueñen acerca del futuro que ustedes compartirán juntos. Su luna de miel dura unos cuantos días, pero recuerden sus votos de boda y acuérdense de que el matrimonio dura una vida.

## Notas de agradecimiento

Muestren su apreciación a todas aquellas personas que tomaron parte en su boda dando a cada persona un regalo especial durante las fiestas antes de la boda. Si usted ofrece una reunión después de la boda en su nueva residencia, hónrenlos una vez más entregando algunos recuerdos de su luna de miel. Ellos apreciarán su delicadeza y apreciarían las auténticas artesanías latinas de su viaje.

Dé las gracias a todos sus invitados escribiendo notas que reconozcan los regalos que ustedes han recibido. Sea diligente en escribir estas notas. Muchas personas se han sacrificado para ayudarlos a preparar esta ocasión de gran importancia; es una amabilidad transmitir su apreciación con un gracias sincero. Personalice cada tarjeta escribiendo con buena letra de mano su expresión de gratitud. Incluya la fecha, saludos con el nombre del donador del regalo, un mensaje breve que mencione el regalo y cómo será usado en su vida de casados, y un fin. Existen muchos libros en su biblioteca local que los pueden ayudar a decir la cosa correcta. Dos de los libros especializados que le pueden ser útiles son *Guía de agradecimiento de la novia: Escribir gracias hecho fácil* [*Bride's Thank You Guide: Thank You Writing Made Easy*] por Pamela A. Piljac y *La guía de escribir notas de gracias* [*The Bride's Guide to Writing Thank You Notes*] por Laura Robbins.

## Y fueron muy felices

Cuando ustedes regresen de su memorable luna de miel, cruzan el umbral a unas nuevas posiciones maritales. Tomen tiempo para ajustarse el uno al otro y a sus nuevos arreglos de vida. Escriba las notas de agradecimiento inmediatamente. Limpie y preserve su vestido de boda. Seleccione las pruebas que ustedes querrán que sean parte de las fotos para su álbum de boda. Planee una cena romántica para recordar el día de su boda. Antes de que ustedes se den cuenta, estarán celebrando el primero de muchos aniversarios.

El entusiasmo de la boda y la luna de miel tal vez haya pasado, pero con una actitud positiva, humor, compromiso, fidelidad, confianza, honestidad, y comunicación, su relación será sólida y salu-

### LOS REGALOS TRADICIONALES Y CONTEMPORÁNEOS DE ANIVERSARIO

Los latinos disfrutan de las reuniones familiares, y un aniversario es siempre una buena razón para celebrar el éxito de un buen matrimonio con sus seres queridos. A continuación hay una guía para ofrecer regalos, basada en tradiciones angloamericanas. Substituye los artículos por regalos importados del país de origen de la pareja como un toque cultural y especial muy significativo.

dable y su amor perdurará. Y siempre y cuando las tradiciones y costumbres latinas sean practicadas, nuestra herencia no se olvidará. ¡Viva el amor!

## Tradicional — Contemporáneo

| Tradicional | Contemporáneo |
|---|---|
| $1^o$: papel | $1^o$: relojes |
| $2^o$: algodón | $2^o$: porcelana |
| $3^o$: cuero | $3^o$: cristal; vidrio |
| $4^{to}$: frutas y flores; ropa de casa | $4^{to}$: aparatos domésticos |
| $5^{to}$: madera | $5^{to}$: cubiertos |
| $6^{to}$: azúcar y dulce; hierro | $6^{to}$: madera |
| $7^{mo}$: lana; cobre | $7^{mo}$: artículos de escritorio |
| $8^{vo}$: bronce y caucho | $8^{vo}$: ropa de casa; encaje |
| $9^{no}$: vasijas y sauces | $9^{no}$: cuero |
| $10^{mo}$: estaño u hojalata; aluminio | $10^{mo}$: joyas de diamante |
| $11^{mo}$: acero | $11^{mo}$: joyas de moda; accesorios |
| $12^{mo}$: seda y lino fino | $12^{mo}$: perlas; piedras de color |
| $13^o$: encaje | $13^o$: textiles; pieles |
| $14^{to}$: marfil | $14^{to}$: joyas de oro |
| $15^{to}$: cristal | $15^{to}$: relojes |
| $20^{mo}$: porcelana | $16^{to}$: servicio de cocina |
| $25^{to}$: plata | $17^{mo}$: muebles |
| $30^{mo}$: perlas; marfil | $18^{vo}$: artículos de porcelana |
| $35^{mo}$: coral; jade | $19^{no}$: bronce |
| $40^{mo}$: rubíes | $20^{mo}$: platino |
| $45^{to}$: safiros | $25^{to}$: plata esterlina |
| $50^{mo}$: oro | $30^{mo}$: diamantes |
| $55^{to}$: esmeraldas | $35^{to}$: jade |
| $60^{mo}$: diamantes | $40^{mo}$: rubíes |
| | $45^{to}$: safiro |
| | $50^{mo}$: oro |
| | $55^{to}$: esmeraldas |
| | $60^{mo}$: diamantes |

# Fuentes

Esta guía no es exhaustiva, pero puede proporcionar dirección para la planificación de su boda latina. Para más información e ideas adicionales, comunique con la cámara de comercio latina local, un centro cultural, el departamento de Lengua y Literatura Española de una universidad o un colegio, comités de turismo, y embajadas; revise su guía telefónica para otras listas; y navegue la Red Mundial [World Wide Web].

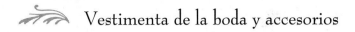 ## Vestimenta de la boda y accesorios

*Información sobre vestidos de novia y vestidos formales*

**L'ezu Atelier**
    860 South Los Angeles Street
    Suite 9300
    Los Angeles CA  90014
    Teléfono: (213) 622-2422
    Página Web: www.lezu.com
El dúo de diseñadores es la argentina Corina Lewinzon y la venezolana Patricia Nevil.  Todos los vestidos se hacen en su taller principal en California. Otras tiendas en Norteamérica, incluso en la Ciudad de México, venden su atuendo de boda.

## Cristina Arzuaga

Teléfono: (291) 780-9647

Página Web: www.cristinaarzuaga.com

Esta diseñadora puertorriqueña establecida en Nueva York puede hacer un vestido de bodas original para usted. También vende diademas y accesorios. Llame a su estudio para hacer una cita o para averiguar sobre un representante cercano.

## Edgardo Bonilla

Teléfono: (877) BONILLA/(877) 266-4552

Página Web: www.thecollectionbridal.com/edgardobonilla/edgardo.htm

Llamar al número gratuito para contactar con la oficina principal del diseñador en Nueva Jersey. Todos los vestidos son hechos en Puerto Rico.

## Ana Hernández

301 Newbury Street

Boston MA 02115

Teléfono: (781) 485-0881

La diseñadora y modelo Ana Hernández es una modista peruana que puede hacerle a la medida un vestido de novia especialmente para usted. Visítela a su estudio en Boston o vea por anticipado sus diseños en www.theknot.com/bs_main.html.

## Carolina Herrera Bridal Collections and Boutique

954 Madison Avenue at 75th Street

New York NY 10021

Teléfono: (212) 944-5757 o (212) 249-6552

Fax: (212) 944-7996

Página Web: www.carolinaherrerabridal.com

La diseñadora Carolina Herrera nació en Caracas, Venezuela. Escriba a su compañía para pedir una lista de tiendas en su área que distribuyan sus colecciones.

## Lázaro

JLM Couture, Inc.

501 7th Avenue

Suite 1014

New York NY 10018

Teléfono: (800) 924-6475

Página Web: www.lazarobridal.com

Los vestidos de novias y damas del cubano de nacimiento Lázaro Pérez se venden en selectas tiendas en los Estados Unidos, Inglaterra, y Puerto Rico.

**Pronovias USA, Inc.**
1 Johnson Road
Lawrence NY 11559
Teléfono: (516) 371-0877
Fax: (516) 371-0880
Página Web: www.pronovias.com
E-mail: info@pronovias.com
Esta compañía se inició en Barcelona, España, y se ha convertido en uno de los especialistas en vestidos de novia y vestidos formales más grandes del mundo. Manuel Mota es el director de la línea de colección. Contáctelos para pedir una lista exclusiva de las tiendas al por menor que venden sus diseños.

**Ángel Sánchez**
526 7th Avenue
Floor 9
New York NY 10018
Teléfono: (212) 921-9827
Página Web: www.angelsanchez.com
Este modista venezolano tiene un estilo muy elaborado en sus diseños.

*Varios*

**Bridal Gown Guide [Guía para los vestidos de novias]**
c/o Windsor Peak Press
436 Pine Street
Boulder CO 80302
Teléfono: (303) 442-8792
Fax: (303) 442-3744
Página Web: www.bridalbargains.com
Para estar más informada sobre los diseñadores de vestidos de novia, póngase en contacto con los "perritos guardianes de bodas" Alan y Denise Fields, autores de *Bridal Gown Guide,* Bridal Bargains, y *Cyberbride.*

**International Fabricare Institute**
The Association of Professional Dry Cleaners and Launderers
12251 Tech Road
Silver Spring MD 20904
Teléfono: (800) 636-2627
Página Web: www.ifi.org
Envíe para su copia gratis de "Wedding Gowns: Caring for Your Fabrics" ["Vestidos de boda: El cuidado de sus telas."]

**Wedding Gown Specialists [Especialistas en vestidos de novias]**
Teléfono: (800) 501-5005
Página Web: www.weddinggownspecialists.com
Comúniquese con ellos para encontrar en su área a un especialista en vestidos de novias con el fin de preservar y restaurar su vestido de novia. La página web está en español e inglés.

*Esmoquins y guayaberas*

**Oscar de la Renta**
550 Fashion Avenue
New York NY 10018-3203
Teléfono: (212) 354-6777
Oscar de la Renta nació en Santo Domingo, la República Dominicana, y estudió bellas artes en Madrid, España. La mayoría de las tiendas de esmoquins tienen su línea de vestimenta formal.

**The Guayabera Shirt Company**
8870 SW 40th Street (Bird Road)
Miami FL 33165
Teléfono: (305) 480-0967
Fax: (305) 485-1114
Página Web: http://guayaberashirt.com
E-mail: coolwear@wwbcity.com
Esta compañía se especializa en vestimenta clásica latina para hombres.

**El Charro**
P.O. Box 21470
Baltimore MD 21282-1470
Teléfono: (877) 980-1248
Fax: (800)-878-5444
Página Web: www.elcharro1.com
Esta compañía vende la vestimenta regional de México y vestuario de bailes folklóricos. Los novios pueden comprar un traje hecho a la medida (pantalones y chaqueta enteramente decorados) acompañado con un sombrero tradicional para un toque romántico.

*Velos y accesorios*

**Jendro Hats and Veils**
   Página Web: www.jendro.com
Jendro Hats and Veils—el cual ha sido clasificado número uno en servicio al cliente, en entrega, y en arreglos durante una encuesta hecha en todo el país por Bridal Information Resources—tiene amplia variedad de tocados nupciales para la cabeza. Los tocados de Jendro se encuentran disponibles en su salón nupcial.

**Lands Far Away Imports**
   8215 Ulmerton Road
   Largo FL 33771
   Teléfono: (727) 524-6968
   Página Web: www.boutique-flamenco.com
   E-mail: Tina@Boutique-Flamenco.com
La propietaria Tina Benayas importa una gran selección de accesorios de boda, velos (mantillas), chales, abanicos de encaje, artículos de baile flamenco, y música de España. Ella también enseña, dirige, y realiza la coreografía de varios bailes de estilo latino en su estudio.

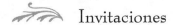 Invitaciones

*Catálogos Gratis*

Para pedir catálogos gratis de invitaciones por correo, artículos de escritorio, obsequios, decoraciones, ligas, copas para brindar, y otros artículos de boda, llame a los números de llamadas gratis a continuación o visite este sitio en la Red Mundial: www.wedding.orders.com. La mayoría pueden imprimir las invitaciones en español.
American Wedding Album (800) 428-0379
Ann's Wedding Stationery (800) 557-2667
Creations by Elaine (800) 323-2717
Dawn (800) 528-6677
Dewberry Engraving Company (parte sur de los EE.UU.) (800) 633-6050
Evangel (Christian) (800) 342-4227
Jamie Lee (800) 288-5800
Now and Forever (800) 451-8616
The Precious Collection (800) 553-9080

Rexcraft (800) 635-4653
Wedding Traditions (800) 635-1433
Willow Tree Lane (800) 219-9230

## Artículos de escritorio

**Crane and Company, Inc.**
Teléfono: (800) 613-4507
Página Web: www.crane.com
Comuníquese con ellos para encontrar las tiendas que proveen lo mejor en artículos impresos para la boda.

**C. R. Gibson Company Factory Store**
13670 North Meridian
Carmel IN 46032
Teléfono: (800) 541-8880
Fax: (317) 843-1445
Página Web: www.crgibson.com
Esta compañía tiene invitaciones y algunos productos latinos de boda.

**Carlson Craft**
1750 Tower Boulevard
North Mankato MN 56003
Teléfono: (507) 625-0505 o (800) 292-9207
Página Web: www.carlsoncraft.com

**Stylart**
1 Stationery Place
Rexburg ID 83441
Phone: (800) 635-8149 o (800) 624-6181
Página Web: www.stylart.com
Ambos Carlson Craft y Stylart proveen con invitaciones de bodas, anuncios, y otro tipo de material impreso latinos. Comuníquese con ellos para encontrar a los distribuidores de Carlson Craft y Stylart más cercanos.

**Tatex Thermographers**
P.O. Box 2660
Waco TX 76702
Teléfono: (254) 799-4911
Fax: (800) 521-8576
Página Web: www.tatex.com
E-mail: info@tatex.com

Tatex Thermographers tiene un álbum especial que contiene invitaciones latinas y productos latinos, incluso el lazo, cofre de monedas, y Biblias de acabado perlado. Contáctelos por información acerca de un comerciante de Tatex cercano a usted.

## 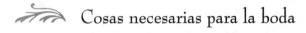 Cosas necesarias para la boda

*Flores*

**Fantastica Bride Flora Ltd.**
3517 South Halsted
Chicago IL 60609
Esta compañía latina fabrica ramos de fantasía, tocados para la cabeza, y velos. Publicó también una revista bilingüe, *La Novia B. Linda*.

**Humberto's Florist and Bridals**
900 South Dixie Highway
West Palm Beach FL 33401
Teléfono: (561) 832-2146
E-mail: HumBride@aol.com
Esta compañía bilingüe se especializa en flores, atuendo, invitaciones, y demás accesorios para la boda.

*Música y baile*

**Benayas School of Flamenco and Belly Dance**
Refiérase a la anteriormente mencionada Lands Far Away para lecciones de baile latino y grabaciones importadas de flamenco, guitarra española, y otras grabaciones musicales.

**Cantilena**
Fax: (561) 361-9293 or (954) 981-7433
PáginaWeb: www.cantilena1.com
E-mail: cantilena1@aol.com
Este conjunto elegante con base en el sur de la Florida toca música variada para su boda, incluso los tangos clásicos.

*El Transporte*

**Asociación Nacional de Limusinas**
  546 East Main Street
  Lexington KY 40508
  Teléfono: (800) NLA-7007
  Fax: (606) 226-4411
  Página Web: www.limo.org
Llame para pedir una lista de referencias de compañías de limusinas en su área.

*Pasteles y galletas (bizcochitos)*

**Allen & Cowley**
  c/o Cooking.com
  2850 Ocean Park Blvd
  Suite 310
  Santa Monica CA 90405
  Teléfono: (800) 279-1634
  Página Web: www.allen-cowley.com
Pida sus bizcochitos vía www.cooking.com.

**Duncan Hines Kitchen Connection**
  Procter and Gamble
  Public Affairs Division
  P.O. Box 599
  Cincinnati OH 45201-0599
  Teléfono: (800) DH-MOIST or 346-6478
  Página Web: www.duncanhines.com
Contáctelos para pedir una copia gratis del folleto *Tier and Party Cake Instructions* [*Instrucciones del pastel de hileras y fiestas*] [en inglés].

**Wilton Industries**
  2240 West 75th Street
  Woodridge, IL 60517
  Teléfono: (888) 824-9520
  Página Web: www.wilton.com
Wilton es muy conocido por sus clases y productos de decoración de pasteles (cimas de pasteles, accesorios de boda, figurillas, obsequios, los so-

portes del pastel, y utensilios para hornear). Vea el *Wilton Yearbook* [*El anuario actual de Wilton*] [en inglés], disponible en la mayoría de las tiendas de arte, de pasatiempos, y de suministro de pasteles y dulces, para diseños de pastel de boda y recetas de alcorza. También disponibles están *The Wilton Wedding Planning Guide* [*La guía Wilton de planificación para bodas*], con varios álbumes sobre pasteles de bodas, el cuaderno para firmas de los invitados, y una guía para obsequios de fiestas.

## Obsequios y misceláneos

### Amorcitos Greetings
P.O. Box 2551
Colorado Springs CO 80901-2551
Teléfono: (877) 400-AMOR
Página Web: www.amorcitos.com
Esta compañía imprime cartas con temas de amor (puro amor) y también para otros eventos latinos.

### San Francis Imports
1919 North Victory Place
Burbank CA 91504-3425
Teléfono: (800) 882-4916
Página Web: www.sanfrancis.com
E-mail: sfi@sanfrancis.com
Esta compañía importa y fabrica materiales religiosos y obsequios. Usted puede comprar el rosario doble, cofre de monedas, Biblias, invitaciones, y conjuntos latinos de boda de algún detallista cercas de usted.

## Consultores de Belleza

### Mary Kay Cosmetics
Teléfono: (800) Mary Kay o (800) 627-9529
Página Web: www.marykay.com
Solicite a la línea Mary Kay una lista de consultoras independientes de belleza quienes trabajarán con usted y las damas para crear un toque encantador para la boda. Hay consultantes disponibles a través de los Estados Unidos como también en la Argentina, Chile, El Salvador, Guatemala, México, España, y Uruguay.

*Fotografía y videograbación*

## Professional Photographers of America
229 Peachtree Street NE
Suite 2200
Atlanta GA 30303
Teléfono : (888) 977-8679 ext. 333
Página Web: www.ppa.com
Envíe un sobre con su dirección y porte pagado para recibir una guía titulada *What Every Bride Should Know About Wedding Photography* [*Lo que toda novia debería saber sobre fotografía para la boda*]. Usted también puede solicitar una lista de miembros de fotógrafos y videógrafos profesionales en su área. O busque en la Red Mundial un fotógrafo en los Estados Unidos, América Latina, o España.

## Rice Photography
3119 Lorain Road
North Olmsted OH 44070
Teléfono: (440) 979-0770
E-mail: PRfisheye@aol.com
Patrick Rice, M. Photog. Cr., PPA, y su esposa, Barbara Fender-Rice, Cr. Photog., PFA, han fotografiado bodas y tienen conocimiento acerca de las costumbres latinas.


## Revistas


### Agenda para la novia
1700 Avenida Fernández Juncos
San Juan, Puerto Rico 00909-2999
Teléfono: (787) 728-4545
Página Web: www.casiano.com
Esta revista con base en Puerto Rico se publica anualmente en español.

### Boda Magazine
Charlone 1601 (1427)
Buenos Aires, Argentina
Teléfono/Fax: (54-11) 4555-1006
Página Web: www.bodamagazine.com.ar
E-mail: info@tarino.com.ar
Esta publicación en español localizada en la Argentina contiene elementos para el planeamiento de una boda.

*Latina*
> 1500 Broadway
> Suite 600
> New York NY 10036
> Página Web: www.latina.com

Esta popular revista para damas publica cada verano una edición anual de bodas.

*Latina Bride*
> 1015 West Lake Avenue
> Suite 208
> Pasadena CA 91104
> Teléfono: (626) 296-1249
> Página Web: www.latinabride.com
> E-mail: latinabride@aol.com

Esta revista especializada muestra bodas latinas y quinceañeras.

 ## Servicios de coordinación de bodas

Contacte con las siguientes organizaciones para pedir una lista de coordinadores de boda en su área.

**Association of Bridal Consultants**
> 200 Chestnutland Road
> New Milford CT 06776-2521
> Teléfono: (860) 355-0464
> Fax: (860) 354-1404
> Página Web: www.bridalassn.com
> E-mail: BridalAssn@aol.com

**Association of Wedding Professionals International**
> 2730 Arden Way
> Suite 218
> Sacramento CA 95825-1368
> Teléfono: (800) 242-4461
> Página Web: www.afwpi.com

**June Wedding, Inc.**
> 1331 Burnham Avenue
> Las Vegas NV 89104-3658
> Teléfono: (702) 474-9558

Página Web: www.junewedding.com
E-mail: robbi@junewedding.com

**Weddings Beautiful Worldwide**
A Division of the National Bridal Service
3122 West Cary Street
Richmond VA 23221
Teléfono: (804) 355-6945
Fax: (804) 359-8002
Página Web: nationalbridal.com

**World Bridal**
Página Web: www.worldbridal.com
Paquetes completos para la boda con luna de miel en las Américas están
disponibles. Contacte con esta firma para mayor información.

 Asociaciones latinas

**National Association of Hispanic Journalists**
1193 National Press Building
Washington DC 20045-2100
Página Web: www.nahj.org

**National Council of La Raza**
1111 19th Street NW, Suite 1000
Washington DC 20036
Página Web: www.nclr.org

**U.S. Hispanic Chamber of Commerce**
2175 K Street NW
Suite 100
Washington DC 20037
Página Web: www.ushcc.com

 Páginas Web

### Páginas Web para bodas

Para una información actualizada en las páginas Web de bodas, busque en la siguiente dirección: www.cyberbridebook.com.
www.blissezine.com
www.bridaltips.com
www.iBride.com
www.perfect-wedding.com
www.theknot.com
www.theweddingshopper.com
www.ultimatewedding.com
www.uniquewedding.com
www.weddingbells.com
www.weddingchannel.com
www.weddingdetails.com
www.weddinghelpline.com
www.weddingpages.com
www.weddingspot.com
www.weddingweb.com
www.wedguide.com
www.wednet.com
www.wedserv.com

### Páginas Web para bodas latinas

www.bodas.org (España)
www.guianovias.com (Argentina)
www.hispanicbride.com (EE.UU)
www.latinabride.com (EE.UU)
www.tuboda.com (México)

### Páginas Web latinas

www.cibercentro.com
www.coloquio.com
www.divina.com

www.hispanicvista.com
www.latino.com
www.latinoweb.com
www.nosotros.com
www.quepasa.com
www.todolatino.com

**Páginas Web variadas**

www.latincards.com y www.monteazul.com
Envíe saludos electrónicos para bodas y otras ocasiones especiales.

www.webzone.net/tlaloc/index2.htm
Construya su propia página Web para la boda usando gráficos latinos sin
costo alguno de Salsa Verde Graphics.

 # Lectura para el futuro

Axtell, Roger E. *Do's and Taboos Around the World*. 3d ed. New York: John
Wiley and Sons, 1993.

Bride's Magazine, ed. *Bride's All New Book of Etiquette*. New York: Perigree
Books, 1993.

Diamant, Anita. *The New Jewish Wedding*. Texas: Summit Books, 1986.

Fernandez-Shaw, Carlos M. *The Hispanic Presence in North America: From
1492 to Today*. New York: Facts on File, 1991.

Hefter, Wendy Chernak. *The Complete Jewish Wedding Planner*. Maryland:
PSP Press, 1997.

Instituto de Liturgia Hispana. *Gift and Promise / Don y Promesa: Customs and
Traditions in Hispanic Rites of Marriage*. Portland: Oregon Catholic Press,
1997.

Klausner, Abraham J. *Weddings: A Complete Guide to All Religious and Interfaith Marriage Services*. New York: Signet Books, 1986.

Lalli, Cele Goldsmith, and Stephanie H. Dahl. *Modern Bride Wedding Celebrations*. New York: John Wiley and Sons, 1992.

Latner, Helen. *The Everything Jewish Wedding Book*. Massachusetts: Adams
Media Corporation, 1998.

Long, Becky. *Something Old, Something New: 701 Creative Ways to Personalize
Your Wedding*. Minnesota: Meadowbrook Press, 1997.

Novas, Himilce. *Everything You Need to Know About Latino History*. New
York: Plume, 1998.

Nuiry, Octavio, and Kirk Whisler, ed. *1999 National Hispanic Media Directory: Latin American Media*. WPR Publishing, 1998.

Piljac, Pamela A. *The Bride's Thank You Guide: Thank-You Writing Made Easy*. Chicago: Chicago Review Press, 1993.

Robbins, Laura. *The Bride's Guide to Writing Thank You Notes*. New York: Notations, 1996.

Smith, Jacqueline. *The Creative Wedding Idea Book*. Massachusetts: Adams Media Corporation, 1994.

Soto, Gary. *Snapshots from the Wedding*. New York: Putnam Publishing Group, 1997. Este libro de niños acerca de una niña de las flores méxicoamericana menciona muchas actividades latinas de boda. Ilustrado por Stephanie Garcia.

Stein, Molly K., and William C. Graham. *The Catholic Wedding Book*. New Jersey: Paulist Press, 1988.

Toor, Frances. *A Treasury of Mexican Folkways*. New York: Crown Publishers, 1947.

Van Laan, Nancy. *La Boda: A Mexican Wedding Celebration*. Boston: Little and Brown, 1996. Este libro de niños es un buen regalo para la niña de las flores. El cuento se centra en una joven y su abuela que miran la realización de una boda en una aldea de Oaxaca. Ilustrado por Andrea Arroyo.

Warner, Diane. *The Complete Book of Wedding Toasts*. New Jersey: Career Press, 1996.

Weddings Beautiful Assignment No. 10: *The History of Wedding Traditions*. Virginia: National Bridal Service. Undated.

Weddings Beautiful Assignment No. 9: *Traditions in a Hispanic Wedding*. Virginia: National Bridal Service. Undated.

Weddings Beautiful Assignment No. 13: *What You Should Know About Wedding Fashion*. Virginia: National Bridal Service. Undated.

# Índice

## Acerca de la autora

Edna R. Bautista es una educadora y escritora premiada quien está certificada como Especialista en Bodas por Weddings Beautiful Worldwide, una división del National Bridal Service. Ella ha trabajado como consultora de novias en Bridal Classiques in Tulsa, Oklahoma, y ahora trabaja en el panel editorial de consejería para la revista *Wedding Bells*. La Dra. Bautista es profesora de periodismo y comunicaciones interculturales en Nueva Jersey.